KB214847

돈 걱정 없는
크 리 스 천
신 혼 부 부

미리 가 보는 신혼 5년,
선순환 재무시스템으로 준비한다

돈 걱정 없는 크리스천 신혼부부
Christian Newlyweds Free from Money Worries

초판 1쇄 | 2019년 1월 15일

저　자 | 김의수

발행인 | 김의수
기획자 | 고준영
작　가 | 최은숙

편집자 | 고준영
교열교정 | 박신아
디자이너 | 호유선
일러스트 | 김경아

펴낸곳 | 도서출판 돈걱정 없는 우리집
　　　　Homes Free from Worry about Money
출판신고 | 2018년 9월 19일 제 2018-000254호
주소 | 서울특별시 서초구 반포대로 86. 신원빌딩 401호
문의 | juneyk@naver.com
전화 | 070-4065-4376
홈페이지 | http://www.home-port.kr

ISBN 979-11-965815-0-3 03230
값 15,000원
잘못된 책은 바꿔드립니다.

이 책은 저작권법에 따라 보호받는 저작물이므로 저작권자와 출판사의 동의 없이
이 책의 전부 또는 일부 내용을 복제하거나 다른 용도로 사용할 수 없습니다.

이 도서의 국립중앙도서관 출판예정도서목록(CIP)은 서지정보유통지원시스템
홈페이지(http://seoji.nl.go.kr)와 국가자료종합목록시스템(http://www.nl.go.kr/kolisnet)에서
이용하실 수 있습니다. (CIP제어번호 : CIP2018042803)

/// 신혼 재무관리,
원칙부터 실천까지 한 권으로 마스터한다 ///

돈 걱정 없는
크리스천
신혼부부

/
김의수 지음

도서
출판 **돈 걱정 없는 우리집**

Contents

Part 2

신혼 5년간
필요한
비용
마련하기

Part 3

신혼 5년간
유지되는
재무시스템
만들기

신혼 5년간 필요한 자금,
재무시스템이 만들어준다

15년 동안 재무 상담을 통해 젊은 크리스천 부부들을 많이 만나 왔지만, 요즘처럼 마음이 힘든 적은 없었다. 상담을 마치고 힘없이 걸어 나가는 청년들의 처진 어깨를 보노라면 내 마음도 함께 무겁다. 마치 여행자금도 없이 먼 길을 떠나는 자식을 바라보는 부모의 안타까운 심정 같다고나 할까. 앞으로 그들이 헤쳐나가야 할 험난한 인생 여정을 생각하면 애잔함마저 든다.

소득이 높건 낮건 상관없이 돈 걱정에서 자유로운 신혼부부는 거의 찾아보기 힘들다. 많은 신혼부부가 재정적 악순환이라는 쳇바퀴 속에서 힘겹게 하루하루를 견디듯이 살아가고 있기 때문이다. 그 속에서 신앙을 지켜 내기란 마치 외줄 타기를 하는 것처럼 아슬아슬해 보인다. 더욱이, 어려운 재정적 문제의 답을 돈에서 찾거나 또한 물질의 축복을 받기 위해 간절히 주님께 매달려 기도하는 크리스천 신혼부부를 만날 때면 더욱 걱정스럽고 안타깝다.

　어떻게 하면 크리스천 신혼부부들이 재정의 악순환 속에서 벗어
나게 될 수 있을까? 오랜 고민 끝에 내가 찾아낸 방법이 바로 '재무
시스템'이다. 물론 재무시스템은 하루아침에 만들어진 것은 아니다.
나의 오랜 경험과 배경지식, 그리고 내담자들의 피나는 실천이 모여
함께 만들어낸 결과물이다. 이것을 통해 실제로 많은 신혼부부의 삶
이 바뀌는 것을 눈으로 지켜보았기에 이제는 확신을 하며 권할 수
있다. 그리하여 지난 수년간 결혼예비학교와 신혼부부학교, 젊은 부
부학교에서 강의와 상담을 하면서 이 시스템을 적극적으로 안내했
고, 그로 인해 많은 부부가 꾸준히 실천하여 실제로 삶이 변화되고
놀라운 은혜를 누리는 것을 경험했다.

　재무시스템은 재테크로 한순간에 돈을 번다거나, 한 방 투자로
부자가 되는 방법과는 다른 길이다. 하지만 일단 시작하고 나면 노
후까지 쭉 가져갈 수 있는 확실한 재정관리 방법이다. 재무시스템이
가정 안에 정착되면 빚을 지지 않고 저축을 하며 살 수 있다. 마치

우리 크리스천이 예수님이라는 반석 위에 집을 짓듯이 재정적으로 단단한 기반 위에서 시작할 수 있는 것이다.

부산이나 대구 등 지방에서 신혼부부 재정 강의를 하게 되면 따로 상담을 원하는 부부가 꼭 있었다. 그런데 그분들이 나의 재정 상담을 받기 위해서는 서울에 있는 내 사무실까지 방문해야 하고 게다가 20만 원의 상담료를 지급해야 한다(단 내가 쓴 몇 가지 재정에 관한 책을 읽으면 5만 원이 할인된다). 그리고 상담 신청을 하더라도 예약된 상담이 많아서 몇 개월을 기다려야 할 수도 있다. 마음 같아서는 모든 신혼부부에게 개별적으로 빠른 상담을 해 주고 싶지만, 현실적으로 힘든 것이 사실이다. 그래서 고심 끝에 이 책을 쓰기로 했다. 복잡한 상담 절차를 생략하고 모든 신혼부부가 이 한 권의 책으로 직접 상담을 받는 것과 같은 최고의 효과를 얻기를 바라는 마음에서다. 그러므로 이 책은 상담을 받을 수 없는 상황에 있는 크리스천 신혼부부에게 주는 나의 작은 선물인 셈이다.

이 책의 핵심 내용은 신혼부부가 '재무시스템'을 만들어 재정을 선순환 구조로 만드는 것이다. 사실 상담을 할 때 내가 내담자에게 가장 먼저 안내하는 것이 바로 이 재무시스템이다. 재무시스템이 만들어져야 저축과 투자를 할 수 있기 때문이다. 빚이 있는 상태에서는 아무리 저축을 해도 밑 빠진 독에 물 붓기다. 나는 이 책을 '재무시스템 사용 설명서'처럼 자세히 알기 쉽게 쓰려고 애썼다. 그래서

재무관리에 대해 아무것도 모르는 초보 신혼부부라도 쉽게 따라서 할 수 있도록 상세히 소개해 놓았다.

재무시스템은 신혼부부가 신혼여행을 다녀온 후부터 실천하면 가장 좋다. 만약 당신이 결혼 예정자라면 책을 읽고 신혼여행을 다녀와서 실행하면 된다. 이미 결혼했다면 새로운 마음으로 지금 막 신혼여행을 다녀왔다고 가정하고 시작하면 된다. 이 책에 나온 사례는 모두 내담자의 허락을 얻은 후 가명으로 쓴 실제 사례들이다.

현장에서 재무 상담을 하다 보면 많은 사람이 이구동성으로 안타까움을 토로할 때가 있다.
"3년만 빨리 상담을 받았다면 지금보다 훨씬 재정 상태가 좋았을 텐데…."
"결혼 초부터 이렇게 실천했다면 지금처럼 힘들진 않을 텐데…."

사실 신혼부부는 결혼 후 5년 안에 어떤 일이 생기는지, 그래서 재정적으로 무엇을 준비해야 하는지 배운 적이 없다. 이미 그 길을 걸어갔던 부모님도, 선배들도 어찌 된 일인지 그 과정에 대해서는 조목조목 친절하게 이야기해 주지 않기 때문이다. 그러기에 그저 닥치면 하게 된다는 막연한 믿음 하나만 갖고 무방비 상태로 현실 앞에 설 수밖에 없다.

그래서 나는 신혼부부들이 후회하지 않도록 결혼 후 5년 동안 어떤 일들이 벌어지는지 그 과정을 타임머신을 타고 가는 것처럼 자세하게 설명해 놓았다. 재무시스템을 통해 남은 자금을 어떻게 저축하고 투자할지 실제적인 방법에 대해서도 다루었다. 신혼부부들의 가장 큰 관심사인 내 집 마련의 문제 해결과, '절대 속지 않는 보험 가입의 원칙'도 덧붙였다. 나는 이 책을 읽고 실천하는 모든 독자가 돈의 문제에서 해방되어, 가정 재정 가운데 역사하시는 엄청난 하나님의 축복과 은혜를 직접 경험하게 되길 간절히 소망한다.

아울러 나는, 독자들에게 2018년 3월에 펴낸 〈돈 걱정 없는 크리스천〉 책을 이 책과 함께 읽기를 진심으로 권한다. 〈돈 걱정 없는 크리스천〉이 이론이라면 이 책은 실천 편이기 때문이다. 그래서 이 책에서는 될 수 있는 대로 신앙적인 설명보다는 실제로 현실 속에서 실천할 수 있는 내용을 주로 다루었다. 만일 이 책의 내용을 실천하다가 신앙적인 문제 앞에서 고민이 해소되지 않는다면 〈돈 걱정 없는 크리스천〉 책을 참조해 주시길 부탁드린다.

우리는 거룩한 하나님의 형상을 따라 지어진 존재들이다. 그리고 예수님께서 십자가에서 자신의 목숨을 버리면서까지 구원해 내신 소중한 존재들이다. 그런데 우리는 그런 존귀함을 돈이라는 우상 앞에서 놓치고 잃어버리는 경우가 많다. 하나님의 형상을 닮은 존귀한 나 자신을 회복하는 것, 그것은 돈을 주인 삼지 않고 하나님을 내 삶의 주인으로 삼는 것이다. 그러기 위해서는 가장 먼저 빚지지 않는 재무시스템을 만드는 것이 필요하다. 이 책을 읽고 한 달이 걸리든 석 달이 걸리든 포기하지 않고 계속 노력하며 실행해 나가기를 바란다. 혹여 1년 후 재무시스템이 무너졌다면 다시 이 책을 읽고 부부가 함께 기도하며 무너진 가정경제를 새롭게 세워 가길 바란다. 그렇게 1년, 2년을 지내다 보면 하나님을 주인 삼는 '돈 걱정 없는 크리스천 부부'로 거듭나 있게 될 것이다.

10년 전 펴낸 〈돈 걱정 없는 우리집〉을 시작으로 지금까지 8권의 책을 내는 동안 매번 책의 방향과 콘셉트를 잡아준 고준영 기획자님, 이 책의 내용을 재미있고 맛깔스럽게 다듬어 주신 최은숙 작가님, 15년 전 처음 재무상담사의 길로 안내해 주신 백정선 대표님, 10년간 한결같이 함께 일하고 있는 비서 김임진 씨, 함께 일하고 있는 우리 본부 식구들, 믿음의 길을 함께 걸어가는 주기쁨교회 공동체에 감사드린다. 그리고 내 삶의 안식처인 아내 선주와 사랑스러운 두 딸 민수, 민하, 하늘나라에서 아빠를 응원하고 있을 큰딸 희은이에게 감사와 사랑을 보낸다. 부족한 나를 지금까지 사용해 주시는 하나님의 은혜에 깊은 찬양과 감사를 올려 드린다.

재무시스템 만들기 6단계

1부

선순환 가정경제 이루기

신혼부부
재무시스템
만들기

알고 보면 흔한
신혼부부의 스토리

마이너스 통장을 쓰고 있는 신혼부부

신혼부부 김현필 씨와 한세정 씨, 사무실에 들어설 때부터 두 사람 사이에는 무거운 분위기가 흘렀다.

"여기까지 오시는 게 쉽지 않으셨을 텐데 어떻게 알고 오셨어요?"

"교회 친구가 추천해 줬어요. 우연히 제 고민을 나누게 됐는데 여기 가면 답을 얻을 수 있을 거라고 하더라고요."

"하하, 그러셨군요. 그 고민이 뭔지 몰라도 제가 꼭 힘이 돼 드렸으면 좋겠네요. 그럼 어떤 고민인지 말씀해 보실래요?"

"네. 실은 저희 둘 다 맞벌이를 하고 있는데 계속 적자가 나요.

남들은 잘사는 것 같은데 왜 우리만 이렇게 힘들게 사는지 그 이유를 모르겠어요. 신앙적으로 뭔가 문제가 있는 건지…. 정말 한

달 한 달 사는 게 너무 힘겨워요."

옆에서 듣고 있던 현필 씨가 길게 한숨을 내쉬며 시선을 창가로 돌렸다.

"제가 많은 분들을 상담해 봐서 아는데, 남들도 다 잘살지 않아요. 그렇게 보일 뿐이죠. 다들 크든 작든 각자의 문제를 안고 씨름하면서 살고 있어요. 이 시대가 그래요. 그러니까 너무 자책하거나 절망하지 마세요."

나는 상담을 신청하는 내담자들에게 상담 2~3일 전 재무기초자료를 작성해서 나에게 미리 보내도록 한다. 기본적인 재무 정보를 담은 재무기초자료를 작성하면서 스스로의 재무 상태와 문제점을 파악하고 정리할 수 있게 하려는 목적에서다. 또한 내담자의 재무상태를 미리 파악함으로써 어렵게 시간을 내서 찾아준 내담자들의 상담 시간을 조금이라도 효과적으로 사용하고 싶은 바람 때문이기도 하다. 첫 내담자의 경우, 그동안 내가 쓴 책들을 미리 읽고 오면 상담료를 할인해 주기도 한다. 내가 생각하는 재무 가치관과 재무시스템 과정을 이해하고 오면 소통하기가 훨씬 수월해지기 때문이다.

두 사람은 결혼한 지 1년 된 신혼부부였고, 남편의 월급은 세후 수령액이 약 300만 원, 아내의 수령액은 200만 원으로 가계 총수입이 월 500만 원이었다. 신혼 1년 차치고는 적지 않은 수입이었지만 두 사람은 마이너스 통장을 쓰고 있는 상태였다. 나는 두 사람의 재무기초자료를 다시 한 번 살펴보며 물었다.

"자녀 계획은 있으신가요?"

"그렇잖아도 그게 저희의 가장 큰 문제예요. 그것 때문에 맨날 싸워요. 오빠는 더 나이가 들기 전에(남편 36세) 아기를 갖자고 하는데 저는 아직 자신이 없어요."

"왜요? 무슨 문제라도 있나요?"

"저희가 지금 적자거든요. 계속 마이너스 통장을 쓰고 있어요. 아기가 생기면 돈이 더 들 테고, 제가 직장을 그만둬야 할 수도 있는데 오빠가 혼자 버는 돈으로 어떻게 아기를 키우면서 살아요? 도저히 불가능해요. 그런데도 오빠나 시부모님은 계속 아기를 낳으라고 하니 제가 스트레스가 엄청 쌓여요."

옆에서 묵묵히 듣고 있던 남편 현필 씨가 입을 열었다.

"저는 제가 버는 돈이 그렇게 적다고 생각하지 않습니다. 그런데 와이프가 이렇게 나오니 너무 답답해요. 제가 나이도 있고, 외아들이어서 부모님이 손자를 기다리시는 건 당연해요. 와이프의 이런 생각을 사실대로 말씀드릴 수도 없고, 이젠 변명하는 것도 지쳤어요. 솔직히 이럴 거면 왜 결혼했나 싶은 생

각이 들 때도 있습니다."

"오빠! 이 자리에서 그런 말까지 꼭 해야 해? 너무 심한 거 아
　니?"

"이런 말 하자고 여기까지 온 거야. 그리고 진짜 심한 건 바로
　너야. 나가서 다 물어봐. 너가 이상한지 내가 이상한지. 결혼
　을 해서 애를 안 낳겠다는 게 말이 돼?"

"그럼 오빠가 돈을 더 벌어오든가. 우리가 지금 마통(마이너스 통
　장) 쓰는 이유가 뭔데? 오빠가 대책 없이 돈을 써서 이런 거잖
　아. 잘 굴러가는 차를 팔고 외제차로 바꾼 사람도 바로 오빠
　야! 우리 형편에 외제차가 말이 돼?"

"왜 모든 걸 나한테 몰아? 그러는 너는? 명품백이라면 좋아서
　어쩔 줄 모르는 애가 그런 말 할 자격 있냐?"

"잠깐, 잠깐만요!"

　그대로 두면 두 사람의 전쟁이 끝나지 않을 것 같아서 나는 말
을 가로막으며 나섰다.

"알겠어요. 두 분이 어떤 문제로 고민하고 계신지 알겠어요. 그
　런데 괜찮아요. 해결할 수 있어요."

"네? 해결할 수 있다고요?"

　두 사람은 미심쩍은 듯 놀란 표정으로 나를 쳐다보았다.

"네. 지금까지 15년 넘게 상담해 오면서 두 분보다 훨씬 더 어
　려운 분들도 계셨어요. 하지만 대부분 답을 찾으셨어요. 답을
　찾았다는 건 빚을 갚고 저축하는 삶으로 옮겨 갔다는 말이에

요."

"어떻게요?"

"두 분이 원하시면 제가 지금부터 그 방법을 안내해 드릴게요. 그 대신 제가 안내하는 대로 잘 따라 주셔야 해요."

"할 수 있어요. 어떻게든 마이너스 통장 안 쓰고 살 수만 있다면 매일 가계부 쓰는 일이든 뭐든 다 할 거예요."

"가계부 같은 건 안 써도 돼요. 하하."

정말 우리도 저축하며 살 수 있을까요?

"우선 이것 한 번 보실래요?"

나는 미리 준비해 둔 가계수지표 한 장을 두 사람 앞에 내밀었다.

"이게 뭔가요?"

"1년 전에 두 분처럼 제게 찾아와서 상담한 신혼부부의 가계수지표예요. 두 분이 참고하시면 좋을 것 같아서 그 가계수지표 주인들께는 미리 양해를 얻어 보여 드리는 거예요."

가계수지표를 꼼꼼히 살펴보면서 두 사람의 눈이 점점 휘둥그레졌다.

"이게 어떻게 가능하죠? 수입이 300만 원인 외벌이 부부가 한 달에 70만 원을 저축하면서 생활이 가능하다고요?"

세정 씨가 놀란 표정으로 말했다.

"물론입니다. 이 표는 제가 만들어 낸 게 아니라 실제로 그렇
게 살고 계신 분들의 명세서예요."

가계수지표를 다시 뚫어져라 바라보던 세정 씨는 한숨을 쉬며
내뱉었다.

"말도 안 돼! 어떻게 이렇게 살아요. 전 못해요."

"마음만 먹으면 하실 수 있어요. 이 분들도 처음엔 의심 반 기

〈표1〉 신혼부부의 가계수지표 사례

(단위 : 원)

현금유입		현금유출		구성비	비고
남편	3,000,000	주거생활비	197,000	6.6%	생활비 자동이체
아내		식비 · 외식비	435,000	14.5%	한통장 체크카드 2개
		자녀양육비	100,000	3.3%	양육수당 20만 원으로 해결
		부부용돈	500,000	16.7%	남편 40만 원 (통신비 · 교통비) 아내 10만 원
		종교헌금 · 기부금	360,000	12.0%	
		비정기 지출	300,000	10.0%	1년 360만 원
		대출원리금	215,700	7.2%	생활비 자동이체
		보장성보험	185,000	6.2%	생활비 자동이체
		저축 · 투자	700,000	23.4%	
현금유입계	3,000,000	현금유출계	2,992,700	100%	
		잉여자금	+ 7,300		

대 반으로 시작하셨지만 결국 해내셨거든요."

"정말 저도 가능할까요? 그동안 나름대로 노력했는데도 잘 안 됐거든요. 잘 한다고 하는데도 여기저기 펑크가 나고 그거 메우다 보면 결국 지쳐서 손을 놓게 되더라고요."

"바로 그거예요! 그래서 재무시스템이 필요한 거예요."

"재무시스템이요?"

"네. 재무시스템이 만들어지면 그 다음부터는 그 안에서 재정이 저절로 돌아가게 돼요. 쉽게 말해서 미리 정해 놓은 예산 안에서 살아가게 되는 거죠. 이 시스템을 만드는 과정까지가 좀 어렵고 힘들긴 하지만 일단 만들어 놓기만 하면 쉬워요."

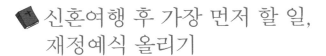# 신혼여행 후 가장 먼저 할 일,
재정예식 올리기

통장 합치기

"재무시스템을 만들기 위해서는 두 분의 결단과 협조가 절대
적으로 필요해요. 그래서 제가 몇 가지 숙제를 내 드릴 거예
요. 우선 첫 번째 숙제가 있어요. 두 분은 통장을 합치셨나
요?"

"아뇨. 오빠랑 저는 통장을 각자 관리해요. 그게 편해서요. 그
리고 각자 빠져나가는 돈이 아직 있고 해서요…."

"그럼 통장을 합치는 것부터 시작하셔야겠네요. 첫 번째 숙제
가 바로 부부의 통장을 합치는 거예요."

"네? 통장을 합치라고요?"

한 동안 잠잠히 듣고만 있던 현필 씨가 곤혹스런 표정으로 말했다.

"그건 좀 곤란해요. 전 와이프한테 돈을 맡길 수 없어요."

"저도 마찬가지예요! 오빠한테 제 돈 못 맡겨요."

"지금 보니 두 분은 아직 완전한 결혼식을 못하셨네요."

"네? 그게 무슨 말씀이세요? 저희는 1년 전에 분명히 교회에 서 결혼식을 올렸어요. 혼인신고도 다 했는데요?"

"그건 법적인 결혼식이지요. 하나님 앞에서 두 사람이 하나가 될 것을 약속할 때는 그 안에 재정도 포함되어 있는 거예요."

"…."

"재정을 하나로 합치지 못하신다는 건 아직 두 분이 완전한 하나가 되지 못했음을 보여주는 것이기도 해요. 지금 말씀하신 것처럼 서로를 그만큼 믿지 못하시는 거니까요. 그래서 두 분께는 재정예식이 꼭 필요해요."

나는 신혼부부가 각자 갖고 있던 통장을 합치는 것을 '재정예식'이라고 부른다. 양가 가족, 친지, 지인들 앞에서 두 사람이 하나가 됨을 선포하는 것이 결혼식이라면, 재정예식은 두 사람이 재정적으로 하나가 됨을 선포하는 중요한 의식이다. 결혼예식에는 신랑과 신부가 결혼 전에 자유롭게 누리던 많은 것들을 포기한다는 의미가 담겨있다. 예를 들면 신랑은 친구들과 어울려 밤새도록 술을 마시거나 게임을 하던 자유를 포기하고, 신부는 버는 대로 자신을 가꾸고 치장하고 취미생활에 쓰던 습관을 포기해야 한다. 그래서 결혼 후 남편은 주말에 소파에 늘어져 TV를 보는 대신 아내와 손잡고 외식을 하러 나가고, 아내는 쇼핑을 하고 싶은 유혹을 뿌리치고 집안일을 담당하는 것이다. 재정도 마찬가지다. 남편과 아내는 각자 좋은 대로 돈을 쓰던 습관을 포기하고 미래의 계획을 가지고 합의하에 지출하는 것이 재정예식의 의미이다.

부부가 일해서 받는 월급은 하나님께서 한 가정에 부어 주시는 물질의 축복이다. 그러므로 남편의 월급도, 아내의 월급도 각자의 수입이 아니라 한 가정의 수입이다. 장기적인 안목에서 보면 재정예식은 가정의 평화를 지키는 데도 크게 기여한다. 신혼부부 중에는 결혼 초기에는 맞벌이를 하다가 자녀 출산과 양육으로 아내가 직장을 그만두고 외벌이로 전환하는 경우가 종종 있다. 그럴 때 아내는 수입이 끊어지면서 위축될 수 있다. 그 동안 친정에 보내던 용돈도 남편 눈치가 보여서 더 이상 보내지 못한다. 꼭 필요한 물건을 살 때도 남편의 눈치를 보고, 무심코 던지는 남편의 잔소리에도 '이제 내가 돈 못 번다고 무시하나?' 라며 상처를 받는다. 특히 친정집 가정 형편이 어려운 경우에는 아내의 마음이 몹시 힘들어진다. 이런 자질구레한 상처가 모이면 갈등의 불씨가 되고 나중에 걷잡을 수 없이 커져서 언젠가는 폭발하고 만다.

각자 통장을 관리하면 두 배를 더 쓴다

　맞벌이를 하는 신혼부부가 각자 월급을 관리하게 되면 돈이 어떻게 들어오고 나가는지 정확하게 알 수가 없어서 사실상 지출 관리가 불가능하다. 그리고 부부의 지출이 놀라울 정도로 크게 늘어난다. 결혼을 하게 되면 신랑과 신부는 자신들의 수입을 두 사람의 수입을 합한 금액으로 인식하게 된다. 결혼식에 즈음하여 예비 신혼부부들의 지출이 크게 늘어나는 것도 이 때문이다. 그런데 그 과정에 상당한 심리적인 인식의 오해가 빚어진다.

　예를 들어 남편의 월급 세후 실 수령액이 300만 원이면 연봉은 5,000만 원 정도이고 아내의 월급 실 수령액이 200만 원일 때 세전 연봉은 3,500만 원 정도이다. 두 사람의 월 수령액은 500만 원인데 행동경제학적으로 이 때 우리의 뇌는 약간의 혼돈을 일으켜서 연봉이 8,500만 원이니 월 700~800만 원 정도의 수입이 될 것이라는 착각을 일으킨다. 그러면서 자연스럽게 그 동안 사지 못했던 비싼 물건이 눈에 들어오면서 소비의 문이 활짝 열린다. 남편은 아내의 급여를 연봉으로 환산해서 300만 원 정도가 더 들어온다는 생각으로 그동안 통제하고 있던 빗장을 풀고 과소비를 시작한다. 일반적으로 남자들은 사고 싶은 욕구가 생기면 쉽게 포기하지 못한다. 그래서 매우 전략적이고 논리적으로 아내를 설득해서 소비에 성공한다. 아내는 아내대로 남편의 급여를 300만 원이 아닌 400만 원 정도로 환산해 마음껏 소비를 즐기게 된다. 결국 두 사람이 각각 700만 원이라는 가상의 수입을 상상하며 소비하다 보면 결과적으로 월 1,400만 원의 소비를 하게 되는 것이다.

신혼여행에 가서도 맘껏 쓰고, 돌아와서도 꼭 필요하지 않은 물품을 사면서 돈 쓰기에 열중한다. 그로 인해 카드한도가 초과되고 여러 달 동안 카드빚을 갚으면서 가계 재정에 빨간불이 켜진다. 게다가 결혼 2년 뒤쯤 아기가 태어나고 아내가 직장까지 그만두게 되면 당장 수입은 300만 원으로 줄어들게 된다. 그때서야 잔인한 현실을 깨닫고 뒤늦은 후회를 하지만 이미 물은 엎질러진 후다. 이렇게 악순환 고리에 엮이게 된 신혼부부는 쉽게 그 늪에서 빠져나오지 못한다.

"맞아요. 사실 저한테도 그런 마음이 있었어요. 오빠가 버는 돈이 제 돈이라고 생각하고 돈을 쓸 때가 많았어요. 결혼 전에는 쉽게 사지 못하던 비싼 옷이나 구두도 덥석 사게 되더라고요. 또 아직 결혼 안 한 친구들이 '너희는 둘이 버니까 네가 내'라고 하면 저도 그게 당연하다고 생각했어요. 그래서 돈을 더 쓰게 된 것 같아요."
"사실 저도 그랬어요. 친한 친구가 외벌이인데 그 친구랑 만나면 항상 제가 밥을 사게 되더라고요. '그래도 난 와이프가 버니까', 하면서요. 그런데 그게 잘못된 건가요? 자연스러운 일

아닌가요?"

"잘못됐다고 말씀드리는 거 아니에요. 중요한 건 친구에게 밥을 사든 뭘 하든 예산 안에서 해야 한다는 것이죠. 두 분은 처음부터 그런 예산이 없이 돈을 지출했기 때문에 지금 이렇게 빚을 지는 악순환 재정이 된 것이지요."

원천징수영수증으로 정확한 수입 알기

"다음에 오실 때 두 분 급여명세서와 원천징수영수증을 갖고 오세요. 그게 있어야 두 분의 정확한 수입을 알 수가 있거든요."

"원천징수영수증이요? 저 그런 거 한 번도 본 적이 없는데요?"

세정 씨는 의아한 듯 눈을 동그랗게 뜨고 말했다. 많은 직장인들이 세정 씨처럼 원천징수영수증에 대해서 의식하지 않고 산다. 급여통장에 찍히는 액수로 자신의 수입을 확인하는 경우가 대부분이기 때문이다.

"저, 월급명세서만 있으면 되지 않나요?"

반면 현필 씨는 당황한 기색이 역력했다. 두 사람의 이런 반응은 남편과 아내의 전형적인 반응이다. 특히 남편은 아내에게 어떻게 해서든 상여금의 존재를 감추고 싶어 한다. 상여금이야말로 빡빡한 용돈을 받고 사는 남편에게 숨을 쉴 수 있게 해 주는 돈이기 때문이다. 그러다보니 원천징수영수증의 존재 자체를 언급하는 것이 비자금의 출처를 밝히는 것처럼 곤혹스럽고 불편한 일이 된다. 하지만 재무시스템을 만들기 위해서는 괴롭지만 꼭 거쳐야 할 관문이다.

신혼부부가 서로의 수입을 공개하고 함께 하는 것은 긴 결혼의 여정을 생각할 때 매우 의미 있는 일이다. 수입이 얼마인지 궁금해 하는 배우자에게 마지못해 "그래, 여기 있다. 봐라!" 하며 던지듯 보여 주고, 상대 배우자는 수사하듯 체크할 일이 아니다. 하나님이 우리 가정에 공급해 주시는 재정이 어느 정도인지 정확하게 파악하고 아울러 사랑하는 배우자의 수고로 만들어지는 수입을 귀히 여기며 마음을 모아 재정계획을 세우는 소중한 과정이다. 원천징수영수증을 서로 보여 주며 내 총 급여가 얼마인지, 매월 어떻게 급여가 들어오는지, 상여금은 언제 얼마나 들어오는지 친절하게 소개한다고 생각하면 좋겠다. 급여와 빚을 서로 공개함으로써 신뢰를 쌓아 앞으로의 결혼생활을 더욱 건강하고 안전하게 다져갈 수 있다.

"원천징수영수증이 꼭 필요한 이유는 뭔가요?"
"급여명세서만 갖고 재무제표를 만들면 상여금이 빠지기 때문에 나중에 오차가 발생해요. 뿐만 아니라 그런 상태로 상여금을 받게 되면 공돈처럼 여겨 자신도 모르게 더 돈을 쓰게 되죠."

일반적으로 직장인들은 상여금을 공돈으로 여기는 경우가 많다. 미국 하버드대학에서는 10년에 걸쳐서 진행된 행동경제학에 관한 흥미로운 연구 결과를 발표했다. 먼저 실험에 참가한 직장인을 A, B 두 그룹으로 나눴다. A그룹에는 보너스 2,400만 원을 한꺼번에 지급하고, B그룹은 그것을 12개월 동안 월 200만 원씩 나누어 월급에 포함해서 지급했다. 10년 뒤에 이 두 그룹을 추적해보니 월급으로 받은 B그룹이 A그룹보다 훨씬 더 많은 저축을 한 사실이 확인됐다. 이것이 바로 공돈의 경제학이다. 한꺼번에 보너스를 받게 되면 사람들은 그 돈을 공돈으로 여겨 함부로 소비하게 된다.

목적 없는 적금도 이와 비슷하다. 적금 만기가 되어 돈이 생길 때가 되면 사람들은 심리적으로 돈을 쓰고 싶은 욕구를 느낀다. 그래서 적금을 타러 은행에 갈 때는 버스로 가고 돈을 받고 나서는 택시를 탄다고 한다. 사이가 나쁘던 부부도 보너스가 나올 때가 되면 신기할 정도로 사이가 좋아진다. 아내는 가지고 있는 핸드백이나 옷이 시대에 뒤쳐진다고 생각하고 남편은 남편대로 타고 있는 차가 멀쩡한데도 새 차 카탈로그를 뒤적이며 차를 살 궁리를 한다. 그래서 통장에는 목적을 명백히 하는 이름을 붙여 줘야 한다. 또한 한꺼번에 몰아넣는 것보다 각각 목적에 맞는 지출 통장 쪼개기가 필요하다. 이름 없는 돈은 공돈이 되어 안개처럼 어딘가로 사라져 버린다.

누가 통장을 관리할 것인지 정하기

통장을 맡은 자, 권력을 쥔 자?

"사실 오늘 센터장님과 상담하면서 새로운 걸 많이 알게 되네
요. 통장을 합치는 게 이렇게 중요한 의미가 있는지 몰랐어요.
사실 결혼할 때부터 통장을 누가 관리할지는 저희 둘의 관심
사였어요. 제 친구들도 결혼하자마자 남편 통장부터 접수해
야 한다고 해서 오빠한테 계속 통장을 넘기라고 요구했는데,
오빠가 끝까지 말을 안 듣더라고요. 그래서 할 수 없이 지금
상태로 오게 된 거죠."
"저도 마찬가지입니다. 제 친구들은 결혼하고 나서 절대로 마
누라한테 통장 빼앗기지 말라고 조언해 줬어요. 그럼 비굴하

게 용돈을 타서 써야 하고 인생이 쪼잔해지고 비참해진다고 하더라고요."

"그래서 오빠는 맨날 친구들하고 술 마실 때 오빠 카드로 계산해서 혼자 바가지 다 쓰곤 했잖아. 그래서 친구들이 오빠한테 그렇게 말한 거야. 오빠 호구 만들려고! 아직도 그걸 몰라?"

"그건 내가 내고 싶어서 낸 거야! 내 친구들 이상하게 만들지 마! 너야말로 친구들이 이상해. 지난번에 니 친구가 예쁘다고 사라고 해서 산 옷, 진짜 뚱뚱해 보이고 이상하더라."

현필 씨와 세정 씨는 틈만 나면 으르렁거리듯 서로에게 불만을 토해 냈다. 그 동안 두 사람의 내면에 부정적인 감정의 찌꺼기가 그만큼 많이 쌓여 있다는 뜻이다.

통장을 관리하는 사람은 수고하는 사람, 보고하는 사람

"센터장님. 센터장님이 확실히 말씀해 주세요. 만약 통장을 합치게 되면 돈 관리는 누가 하는 게 좋아요? 아무래도 여자가 하는 게 좋지 않을까요? 기본적인 생활비는 여자가 지출하는 경우가 많잖아요."

"무슨 소리야? 자긴 숫자 개념이 약해서 산수도 제대로 못하면서 어떻게 돈 관리를 한다는 거야?"

"지금까지 오빠 맘대로 썼잖아. 그리고 오빠 가계부도 못 쓰잖

아. 내가 제대로 해 보고 싶어서 그래."

"잠깐만요! 이 재무시스템을 만들고 나면 돈 관리를 누가 하는
지는 그렇게 중요하지 않아요. 그리고 이미 말씀드렸듯이 가
계부는 쓰지 않아도 돼요. 재무시스템 안에서 지출 명세만 통
장으로 확인하면 되거든요."

"것 봐! 가계부 같은 거 필요 없다고 하시잖아."

남편 현필 씨가 득의만만한 표정으로 아내를 바라보며 말했다.

"그런데 저는 일반적으로 부인이 하는 것을 권유하는 편이긴
해요."

"그죠? 제가 관리하는 게 맞는 거죠?"

다시 세정 씨의 표정이 밝아지자 현필 씨는 금세 풀이 죽었다.

"두 분이 오해하시는 부분이 있네요. 제가 통장을 합치라고 하
는 건 두 분 중에 누군가에게 돈을 다 맡기라는 의미가 아니
에요."

"예? 그럼 어떻게 통장을 합쳐요? 누군가는 관리를 해야 하잖
아요."

"맞아요. 누군가는 관리를 해야 하죠. 하지만 말 그대로 관리만
하는 거예요. 이미 시스템이 만들어진 상태에서 두 사람이 같
이 계획해서 예산을 짜 놓으면 한 사람이 그렇게 잘 흘러가고
있는지 파수꾼처럼 지켜보고 관리하는 수고를 맡는 것뿐이
죠. 절대로 통장을 관리하는 사람이 권력을 갖고 혼자서 맘대
로 쓰는 게 아니에요. 이건 매우 중요한 원칙이에요. 혼동하면

안돼요."

통장관리를 누가 할지 정하는 일은 신혼부부에게 매우 중요한 일처럼 여겨진다. 마치 남편과 아내의 패권 다툼처럼 빼앗은 자는 승리에 도취되고 빼앗긴 자는 패배감에 젖는다. 어떤 부부는 한 달 내내 다투다가 결국 아내가 단식투쟁까지 해서 재정권을 갖게 됐다고 자랑처럼 말하기도 했다. 그런데 크리스천 재정원칙 안에서 이러한 경쟁과 갈등은 의미 없는 일이다. 돈 관리는 잘하는 사람이 하면 된다. 숫자 개념이 더 있거나 잘하는 사람이 수고하면 된다. 그 이상도 그 이하의 의미도 둘 필요가 없다.

재정 관리자 자리를 두고 파워게임을 하는 것은 그 자리에 앉게 되면 돈을 마음대로 지출할 수 있다는 전제가 깔려 있기 때문이다. 또 재정 관리자가 되지 못한 상대방은 재정 관리자가 돈을 어떻게 쓰는지 알 수 없다는 불안감이 있어서다. 하지만 재무시스템 안에서 재정 관리자는 재정의 결정권자가 아니다. 말 그대로 관리자일 뿐이다. 모든 돈은 자동이체로 처리가 되고 부부가 따로 쓰는 돈은 용돈으로 정해져 있다. 정해진 예산 이외에 추가로 지출을 해야 할 상황이 되면 부부가 함께 의논해서 결정해야 한다. 한 사람이 마음대로 돈을 지출하면 안 된다. 또한 재정 관리자는 재정을 잘 관리하는 책임뿐만 아니라 정기적으로 상대에게 보고하는 의무도 진다. 그러므로 돈 관리에 대한 파워게임은 필요 없는 에너지 낭비가 되는 것이다. 누가 통장을 관리할지 정할 때 서로 이런 얘기를 나누고 합의가 된 뒤에 관리할 사람을 정하고 말아야 한다.

그리고 내가 가계부 쓰는 것을 크게 중요하게 생각하지 않는 것은 예산 없이 수입과 지출을 그저 정확하게 기입만 하는 것은 아무런 의미가 없기 때문이다. 일반적으로 가계부만으로는 지출이 통제가 되지 않는다. 하지만 예산을 정해 놓고 쓰면 어떻게든 그 안에서 한 달을 살아 내려는 작은 몸부림이 있다. 그것이 재무 시스템이 선순환 구조로 계속 이어질 수 있도록 하는 힘이다. 부부가 한 마음으로 주님이 주신 수입 안에서 살아 내려고 하는 그 작은 몸부림이 나는 '재정 예배'라고 생각한다. 쉽게 빚지고 과소비할 수 있는 세상의 유혹 속에서 자신의 수입 안에서 잘 살고자 하는 노력, 그것이 몸으로 드리는 삶의 예배라고 생각한다.

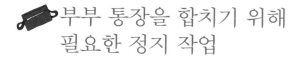

부부 통장을 합치기 위해 필요한 정지 작업

‘우리 집 생활비 통장’을 만들고 자동이체를 한다

“지금 공과금 등의 생활비는 자동이체를 하고 있나요?”

“저희는 웬만한 건 자동이체로 하고 있어요.”

“네. 그렇군요. 하지만 여러 통장에서 빠져나가고 있지 않나요?”

“그렇긴 하죠.”

“앞으로는 ‘내 통장’에서 빠지던 자동이체 명세를 ‘우리 집’ 통장으로 가져와서 살펴보기 시작해야 해요. 미혼 때 자동이체를 생각하시면 안 돼요. 아직도 자동이체를 ‘내 것은 내 통장에서 네 것은 네 통장에서 빠져야 한다’고 생각하면 진정한 결혼 생활을 시작하지 않은 거예요. 자동이체를 한 통장으로

통합해야 어떻게 돈이 빠져나가는지 정확하게 알 수가 있어요. 그래야 재무시스템을 잘 만들 수 있어요."

"전 세금 혜택을 받기 위해서 보험하고 기부금 자동이체는 제 통장에서 빠지게 하고 있는데 그럼 그런 건 어떻게 해야 하나요?"

"아, 그건 나중에 현필 씨 용돈 통장에서 빠져나가게 하면 돼요. 어차피 자동이체로 빠져나가는 것이니까 그다지 혼란스럽진 않을 거예요. 나중에 제가 자세히 설명해 드리겠지만 두 분 월급 통장이 곧 용돈 통장이 될 거예요. 그게 편리하니까요. 그리고 우리 집 생활비 통장을 만들어 모든 자동이체를 그 통장에 넣는 거예요. 생활비 통장을 만들 때는 월급이 적은 분 이름으로 하는 게 나중에 세금혜택을 받기에 유리해요. 하지만 이건 그다지 중요한 건 아니에요. 더 중요한 건 시스템을 만드는 일이죠."

"자동이체 통장을 바꾸는 건 너무 귀찮을 것 같아요. 그거 일일이 전화해서 바꾸는 게 보통 일이 아니거든요."

"네. 하지만 한 번만 수고하시면 돼요. 이 시스템은 한 번 만들어 놓기만 하면 오랫동안 바뀌지 않을 거예요."

신혼부부가 자동이체 내역을 정리하다 보면 자연스럽게 필요 없는 자동이체는 없애 버리게 된다. 일반적으로 자동이체가 되는 항목을 정리해 보면 ①통신비 ②보험료 ③기부금 ④신문, 잡지(온

라인포함) 정기구독료 ⑤모임 회비(가족 회비) 등으로 나눌 수 있다. 그 중에서 통신비, 보험료는 교통비와 함께 각자 용돈 통장에 넣어도 상관없다. 정확한 명세만 알고 있으면 되기 때문이다. 만약 결혼 전에 남편이 자선단체에 하던 기부금 자동이체가 과도하게 많은 경우라면 결혼 이후 예산을 짤 때 아내와 함께 재무 대화를 해야 한다. 계속 같은 금액으로 할지 아니면 좀 더 낮춰서 할지를 조정해야 하는 것이다. 결혼 전에 취미생활에 많은 지출을 했다면 그것도 부부가 함께 대화를 해야 할 내용이다. 재무시스템을 만들어가는 과정 중에 결혼 전에 쓴 할부 금액은 각자의 용돈에서 제하도록 하는 신혼부부도 있는데 금액이 너무 크거나 서로를 위해 사용한 금액일 경우, 불만을 가질 수도 있다. 이 또한 서로 대화로 정리할 내용이다.

한 달 신용카드 금액 알아오기

"두 분은 각자 한 달 동안 사용한 신용카드 결제금액이 얼마나 되는지 정확하게 아시나요?"

"네? 신용카드 결제 금액이요? 그건 왜요?"

이번에는 세정 씨의 표정이 어두워졌다.

"그건 다음 상담 때 알려 드릴게요. 너무 그렇게 겁먹지 마세요. 자세한 명세서는 필요하지 않아요. 단지 사용한 총 금액만

알면 돼요. 이걸 가지고 '너는 여기에 왜 이렇게 돈을 많이 쓰고 다녀?' 라며 싸우시면 안 돼요. 서로를 정죄하거나 자책하지 마시고 금액만 알아 오세요. 이제 시작이니까 새롭게 다시 시작한다고 생각하고 지나간 것에 너무 붙잡혀 있지 마시고요. 아셨죠?"

"네. 알겠어요. 그럼 이제 진짜 다 됐나요?"

"네. 오늘 이야기할 건 이게 다예요. 두 분이 집에 가서서 4가지를 하시면 됩니다.

①통장 합치기, ②원천징수영수증 가져오기, ③자동이체 정리하기, ④한 달 동안 사용한 신용카드 금액 알아오기. 이상입니다. 그럼 다음 상담 때 뵐게요."

두 사람은 어려운 숙제를 잔뜩 안고 가는 초등학생처럼 힘없이 돌아서서 나갔다.

2단계 신용카드 결제 금액 갚기

적금 깨서
신용카드 빚 갚기

현필 씨와 세정 씨의 두 번째 상담 시간이 돌아왔다. 초췌한 모습으로 들어서는 두 사람의 모습에서 그 동안 겪은 심리적인 갈등을 짐작할 수 있었다.

"두 분 모습을 보니 숙제가 좀 어려우셨나 보군요. 하하."

"네, 사실 오빠랑 좀 싸웠어요."

머뭇거리던 세정 씨가 야속한 표정으로 현필 씨를 보며 말했다.

"아니, 왜요?"

"전 오빠 상여금이 그렇게 따로 나오는지 몰랐거든요. 저한테 감쪽같이 속였더라고요."

"속인 게 아니라 말을 안했을 뿐이라니까!"

현필 씨가 기분 나쁜 표정으로 응수했다.

"그게 그거잖아. 내가 돈이 모자라서 쩔쩔매는 걸 보면서도 어 쩜 그럴 수 있어?"

"어차피 그 돈이 다 우리 여행이랑 이벤트 비용으로 들어갔다 고 몇 번을 말해야 믿겠어?"

"하여튼 실망이야."

"그러는 넌 카드 긁은 게 그렇게 많으면서 왜 나한테 말 안 했 어?"

"어머, 오빠! 그거랑 이거랑은 다르지."

"다르긴 뭐가 달라. 너도 내가 아는 게 부담스러우니까 일부러 말 안 한 거잖아."

"하하. 두 분이 서로에게 서운한 게 많았던 모양이군요. 하지만 괜찮습니다. 이런 것들은 재무시스템을 만들고 나면 자연히 해소될 일들이니까 일단 지금은 마음 푸세요. 그럼 다음 단계 로 넘어가 볼까요? 두 분 적금 넣고 있는 거 있으시죠?"

"네. 이제 곧 만기가 되긴 해요."

"그거 해약하셔야겠어요."

"네? 왜, 왜요? 만기가 얼마 남지도 않았는데요? 지금까지 빚 지면서 몇 번이나 해약할까 하다가 그래도 그것만큼은 살려 둔 거예요."

"이자 얼마 더 받는 것보다 재무시스템을 만드는 게 훨씬 더 중요해요. 그러니까 제 말대로 믿고 따라 주세요."

"그럼 마이너스 통장 빚을 갚나요?"

"아뇨. 우선 전 달 신용카드 결제액부터 갚을 거예요."

"네? 신용카드 결제액이요? 그걸 왜요? 어차피 이번 달 월급으
 로 갚을 거잖아요."

"바로 그거예요! 이번 달 월급 통장에서 전 달 신용카드 결제
 액이 빠져나가지 않도록 막는 거예요. 다시 설명하면 전 달
 신용카드 결제액을 미리 갚아서 이번 달 월급을 지키는 거죠.
 이게 매우 중요해요. 그래야 선순환 구조를 만들 수 있거든요.
 아무리 돈을 아낀다고 해도 악순환 구조 안에서는 빚지는 생
 활을 끊으려야 끊을 수가 없어요. 그래서 신용카드와 같은 단
 기부채부터 갚는 거예요."

"그럼 전세 대출이나 오빠 학자금 대출도 같이 갚아야 하나
 요?"

"아뇨. 그건 중·장기부채이기 때문에 월 이자나 원리금을 예
 산에서 책정하면 돼요. 담보대출, 전세자금 대출, 자동차 할부
 금, 학자금 대출은 모두 다 중·장기대출이기 때문에 당장 갚
 지 않아도 돼요. 제가 지금 말씀드리는 건 오직 단기부채, 즉
 신용카드 빚만 말하는 거예요."

"단기부채요? 신용카드가 빚이었어요? 한 번도 그렇게 생각해
 본 적 없는데요. 그냥 가스비나 아파트 관리비처럼 당연히 통
 장에서 빠져나가는 거라고 생각했는데…."

"그게 바로 함정이에요."

월급 날 텅 빈 통장의 원인은?
신용카드 때문

많은 사람이 세정 씨처럼 신용카드를 빚이라고 생각하지 않는다. 그러다 보니 무방비 상태로 신용카드의 덫에 빠져들고 만다. 샐러리맨들이 월급을 받아도 쓸 돈이 없다며 텅 빈 월급 통장을 보면서 하소연하는 것도 알고 보면 신용카드 결제액 때문이다. 많은 사람이 전 달 신용카드 결제액으로 돈이 쑥 빠져나가는 것을 보면서도 당연하게 받아들인다. 다시 이번 달에 신용카드를 쓰고 나서 다음 달 월급으로 갚으면 된다고 생각하기 때문이다. 엄밀히 말해서 이것은 계속 빚의 노예로 사는 삶이다. 은행에서 대출을 내거나 사채업자에게 돈을 빌리는 것만이 빚이 아니다. 얼마를 쓰는지 정확하게 가늠도 되지 않는 신용카드야말로 우리에게 가장 가까이 있는 빚의 유혹이다.

크리스천의 기본은 하나님이 주신 소득 안에서 자족하며 사는 것이다. 그것이 하나님의 옳으심과 선하심에 순종하는 성도의 바른 모습이다. 많은 크리스천이 '다른 사람은 연봉도 높고 돈도 많이 버는데 왜 나만 이렇게 늘 쪼들리며 살까?'라며 불평을 하거나, 이런 상황이 장기화 되면 절망하기도 한다. 그러나 하나님은 우리에게 이겨낼 만한 시험만을 주신다고 했고 피할 길을 주신다고도 하셨다. 불평하거나 절망하며 우울함에 눌려 무기력하게 있는 대신, 우리에게 주어진 일들을 잘 하다 보면 내 발의 등이시고 내 길에 빛이신 하나님이 이겨낼 힘을 주신다.

물론 집을 사거나 사업을 하면서 꼭 빚을 내야 하는 경우가 있을 수 있다. 또 예상치 못한 사고로 돈이 필요하거나 급하게 병원비가 필요해서 빚을 내야 할 수도 있다. 우리의 현실은 늘 우리의 예상대로 이루어지지 않기 때문이다. 그럼에도 하나님은 너희는 사랑의 빚 외에 빚지지 말라 하셨으니 피치 못하게 빚을 지게 될 때 '내가 지금 빚을 내는 것이 욕심 때문인가? 아니면 하나님의 뜻인가?'를 두고 기도하고 결정하자는 것이다.

민수 이야기

"왜 전 달에 쓴 신용카드 금액을 갚아야 하는지 제 딸 민수 이
야기를 듣고 나면 훨씬 이해하기 쉬울 거예요."
"민수, 꼭 아들 이름 같아요."
"하하. 지금 대학 입시생인 딸이에요."

민수의 한 달 용돈은 10만 원이다. 그 안에는 교통비 3만 원이
포함되어 실제로 민수가 쓸 수 있는 돈은 7만 원이다. 그런데 친
구들과 어울려 이것저것 사고 싶은 것을 사고, 간식을 사 먹다 보
니 용돈이 15일 정도 지나자 바닥이 나 버렸다. 할 수 없이 민수는
주위에 있는 친구들한테 돈을 빌리기 시작했다.
"만 원만 빌려줘. 나 용돈 타면 줄게."

1만 원씩 빌리기 시작한 돈이 어느새 눈덩이처럼 불어나 6만 원이 됐다. 그리고 시간이 흘러 드디어 민수가 기다리던 용돈 받는 날이 돌아왔다. 하지만 민수의 용돈 받는 날을 기다리는 사람은 민수만이 아니었다. 민수에게 돈을 빌려준 친구들도 민수의 용돈 받는 날을 기다리고 있었기 때문이다.

"너 용돈 받았지? 빌려간 돈 돌려줘."
친구들은 기다렸다는 듯이 민수의 용돈 받는 날에 손을 내밀었다. 할 수 없이 6만 원을 주고 나니 민수에게 남는 돈은 1만 원뿐이었다. 민수는 다시 친구들한테 돈을 빌릴 수밖에 없었다. 민수가 친구들한테 매번 돈을 빌려야 하는 이유는 이미 빌려 쓴 6만 원 때문이다. 그 돈 6만 원이 민수를 계속 악순환 재정 속에서 살게 하는 것이다. 민수는 그 6만 원 때문에 친구들에게는 빚쟁이가 되고 용돈 받는 날이 기쁘지가 않다. 계속 무거운 짐에 눌리는 삶을 사는 것이다. 그런데 안타까운 것은 민수가 지고 있는 짐의 무게가 고작 6만 원이라는 사실이다! 1,000만 원 정도의 무게라면 계속 눌리면서 사는 것이 당연할 수도 있다. 민수의 힘으로는 어찌할 수 없는 거금이기 때문이다. 하지만 민수가 시달리는 금액은 한 달 치 용돈보다도 적은 금액이다. 놀랍지 않은가?

민수 이야기는 월급날이면 신용카드 결제액으로 돈이 빠져나가고 남는 게 없다고 하소연하는 많은 샐러리맨들이 처한 현실과

도 흡사하다. 당장 쓸 돈이 없으니 어쩔 수 없이 다시 신용카드를 긁게 되고 또 그 돈은 다음 달 월급에서 쑤욱 빠져나간다. 이것이 바로 재정의 악순환이고 신용카드의 덫이다.

일반적으로 신용카드를 쓸 때 자신이 지금까지 얼마나 썼는 지 정확하게 알기 어렵다. 신용카드 명세서가 날아오고 나서야 얼 마를 썼는지 보고 '내가 이렇게 많이 썼나?'하고 놀라는 사람들이 많다. 그리고 그때서야 '이건 안 써도 되는 거였는데….' 하면서 뒤늦게 후회도 한다. 실제로 지출할 때 신용카드를 쓰면 현금으로 쓰는 것보다 30% 정도를 더 지출하게 된다고 한다. 물건을 사면 서 현금 10만 원을 세어서 계산하면 왠지 그 금액이 크게 느껴진 다. 하지만 신용카드는 1,000원을 쓸 때나 10만 원을 쓸 때나 느낌 이 크게 다르지 않다. 이것이 소비의 문을 더 활짝 열게 만드는 요 인이다.

특히 무이자 할부는 아무리 비싼 물건이라도 매달 들어가는 돈이 적으면 우리의 뇌는 신기하게도 쉽게 타협해 버린다. 100만 원이라는 돈은 크게 느껴지지만 그것을 쪼개서 매달 10만 원씩 낸다고 하면 해 볼만 하다고 스스로 용기를 내어 소비한다. 하지 만 이는 착각이다. 남은 열 달 동안 빚의 노예가 되어야 하는 것을 간과한 착각이다.

재무시스템의 기본은 한 달 수입으로 빚지지 않고 한 달을 살아 내는 것이다. 그런데 신용카드 결제금액이 돈을 싹 쓸어 가고 나면 한 달을 살아 낼 기반이 없어진다. 그렇기 때문에 전 달 신용카드 결제액을 미리 갚고 이번 달에 들어오는 월급을 지켜 내는 것이 필요하다. 월급날 빠져나가는 마이너스 요인을 미리 제거하고 제로로 만드는 것이다. 그리고 한 달 월급으로 새롭게 다시 시작하는 것이다. 더 이상 신용카드로 빚지면서 커피를 사 먹지 않고, 내 통장에 있는 돈으로 직접 사 먹는 것이다. 무이자 할부로 옷이나 화장품을 사지 않고, 내가 갖고 있는 돈 안에서 옷과 화장품을 사는 것이다.

다시 민수의 이야기로 돌아가 보자. 민수는 친구들에게 빌린 빚 때문에 고민하다가 결국 아빠한테 사실대로 말하기로 결심했다. 아빠인 나는 민수에게 왜 빚을 지면 안 되는지 설명해 주고 친구들에게 진 빚 6만 원을 갚아 주었다. 이제 민수는 용돈 받는 날이면 더 이상 돈을 빼앗아가듯 돌려받는 친구들에게 시달리지 않게 되었다. 민수는 이제 홀가분한 마음으로 자신의 한 달 용돈을 가지고 아끼면서 한 달 동안 쓸 수 있게 된 것이다. 민수는 빚의 굴레에서 해방되었다.

내가 내담자들에게 신용카드 결제액을 갚도록 강권하는 이유가 바로 이것이다. 빚의 세계에서 저축의 세계로 옮겨 가기 위해 꼭 필요한 과정인 것이다. 신용카드 결제액을 갚지 않으면 아무리 재무시스템을 잘 만들어 놓아도 쉽게 무너져 버리고 만다. 그

래서 만기를 앞둔 적금을 깨서라도 신용카드 결제액부터 갚는 것
이 장기적으로 보면 훨씬 더 이익이다. 재무시스템으로 예산 안
에서 살아가는 습관이 만들어지면 저축도 할 수 있게 되고, 그렇
게 해서 모아진 돈이 적금의 이자보다 훨씬 큰 의미가 있고 금액
도 더 크다.

신용카드와 크리스천 희년의 의미

　신용카드 결제액을 갚는 것에는 성경적인 의미가 담겨 있다. 하나님께서는 이스라엘 백성에게 50년이 지나면 빚을 진 사람들의 빚을 탕감해 주고 땅을 되돌려 주는 희년제도에 대해서 말씀하셨다. 희년(禧年)이란 무엇인가?

　희년은 이스라엘 백성이 약속의 땅에 들어간 때를 기준으로 50년째 되는 해마다 그 해에는 땅을 경작하지 않고 놀리고 다른 사람의 땅을 산 사람은 원 토지소유자에게 되돌려 주고 부채 때문에 종이 된 사람들(유대인)은 종살이에서 자유롭게 되는 해이다. 모든 빚에서 자유해지고 원래 분배 받았던 땅을 회복하는 해가 희년이다.

　희년은 죄인 된 우리가 예수 그리스도의 십자가 피 값으로 죄

인의 자리에서 풀려나 의인의 세마포 옷을 입는 상징적 의미도 포함되어 있다. 범죄하기 전 하나님이 보시기에 좋았던 에덴동산의 아담과 하와로 돌아가는 것이다. 신용카드 빚을 갚는 것은 세상의 방식이 아닌 하나님의 방식으로 살겠다는 무언의 선포나 마찬가지다. 더 이상 빚의 노예가 되지 않고 하나님이 주시는 월급 안에서 감사하며 순종하는 마음으로 그 안에서 살아가겠다는 약속이고 선포가 포함되어 있기 때문이다. 그러므로 한 번 갚은 신용카드 빚을 순간적인 욕구나 의지력의 부족으로 다시 지게 된다면 성경에 나오는 것처럼 토했던 것을 다시 먹는 행위나 다름없다.

"정말 민수 이야기를 들으니 신용카드에 대해서 금방 이해가 돼요."

"사실 우리 민수는 친구한테 돈을 빌리지는 않아요. 제가 내담자들이 쉽게 이해할 수 있도록 만든 이야기예요. 그런데 반응이 좋아서 계속 사용하고 있어요. 하하. 이제 왜 적금을 깨야 하는지 아셨죠?"

"네. 당장 적금을 깨서 신용카드 빚부터 갚아야겠네요. 오빠도 같은 생각이지?"

"응."

신혼부부는 신용카드 결제액을 갚을 수 있는 방법이 다양하게 많은 편이다. 현필 씨와 세정 씨처럼 적금을 해지할 수도 있고, 축의금 받은 것을 모아 둔 돈이나 결혼 전에 모아 둔 비자금 등을 활용할 수도 있기 때문이다. 아직 자녀가 없는 상태라서 두 사람이 노력하면 얼마든지 소비를 줄이고 필요한 돈을 만들 수 있다. 만약 전혀 돈을 마련할 길이 없는 경우라면 나는 마이너스 통장을 써서라도 신용카드 금액부터 갚도록 권한다. 왜냐하면 그 금액이 보통 큰 액수가 아니라서 마이너스 통장을 써도 이자가 그리 크지 않기 때문이다. 일단 그렇게 해서라도 재정을 악순환 구조에서 선순환 구조로 만들어서 재무시스템을 시작하는 것이 훨씬 더 급선무이고 중요하다. 일단 시작을 해서 예산 안에서 잘 살아가다 보면 1년 안에 마이너스 통장 빚은 어렵지 않게 갚을 수 있다.

"저 궁금한 게 있는데요, 그럼 한 달 아파트 관리비, 도시가스비, 핸드폰 요금 같은 건 다음 달에 결제가 되는데 그런 건 어떻게 해야 하나요?"
상담 내용을 하나하나 메모하던 세정 씨가 문득 궁금한 듯 질문을 던졌다.
"좋은 질문이에요. 그건 이번 달에 갚지 않아도 돼요. 사실 갚고 싶어도 갚기 힘들죠. 예를 들어서 도시가스비 같은 경우, 오늘 썼다고 오늘 당장 가스비를 낼 수는 없잖아요. 핸드폰 요금도 내가 오늘 누구랑 통화했다고 해서 그 자리에서 당장 갚을 수는 없는 거고요. 게다가 매달 요금도 다르게 나올 수 있지요. 그러니 도시가스비나 전기세, 핸드폰 요금 등의 정기

지출은 고지 금액이 청구되어 자동이체로 빠져나가게 하되 그 금액이 예산 안에 잡혀 있기만 하면 돼요. 그럼 자연스럽게 재무시스템 안에서 해결될 거예요."

"그렇군요. 어렴풋이 알 것 같기도 한데 솔직히 아직 잘 이해가 안돼요."

"당연해요. 지금까지 한 번도 들어 보지 못한 얘기일 텐데 당장 이해되면 그게 더 이상한 거죠. 일단 지금 하시는 것처럼 제가 안내하는 대로 따라만 오세요. 그러면 자연히 모든 과정이 이해될 거예요."

"네. 알겠어요. 그럼 다음은 뭘 해야 하나요?"

한 달 치 생활비
미리 준비하기

"신용카드 결제 금액을 모두 갚았다면 다음 단계는 한 달 치
생활비를 만드는 겁니다."

"예에? 한 달 치 생활비를요?"

"네, 생활비에는 그 달 꼭 지출해야할 모든 금액, 관리비, 식비,
세금, 보험료, 이자 등 한 달에 필요한 모든 금액이 포함됩니
다."

"신용카드 결제금액도 겨우 만들었는데 또 돈이 필요하다고
요?"

"네. 이게 만들어져야 안정적으로 선순환 구도로 들어갈 수 있
어요. 이건 제가 오랫동안 상담을 하면서 찾아낸 방법이에요.
이 방법을 통해서 많은 가정이 살아났어요. 한 번 해 보시면

놀랄 거예요."

"그럼 또 빚을 내서 빚을 갚는 식이 되는 거잖아요. 전 진짜 이
　해가 안되네요."

듣고만 있던 현필 씨가 이해할 수 없다는 듯 불만스런 표정으
로 말했다.

"맞아요. 그렇게 생각할 수도 있어요. 하지만 그만한 가치가 있
　기 때문에 권해 드리는 거예요."

"오빠, 걱정하지 마. 있는 돈 다 털면 될 수도 있어."

"뭐? 우리가 무슨 돈이 있어서 턴다는 거야?"

"나 갖고 있던 명품 백 정리해서 팔 거야."

"그게 얼마나 된다고?"

"그리고 실은 오빠한테 말 안 했는데 결혼 전에 엄마가 챙겨주
　신 돈이 아직 쪼끔 있어."

"뭐? 그런데 마통을 쓰면서도 시침 딱 떼고 가만있었단 말이야?"

"그건 오빠가 저지른 일이니까 오빠가 책임을 져야 하는 거잖
　아. 그리고 이 돈 내놔 봐야 오빠가 무슨 핑계를 대서라도 또
　쓸 거잖아. 그래서 말 안 한 거야. 오빠가 나한테 보너스 얘기
　안 한 거랑 같아."

"이게 어떻게 같아? 넌 의도적으로 숨긴 거고, 난 말을 안 했을
　뿐인데!"

"기막혀. 오빠! 지금 그게 말이 된다고 생각해? 센터장님. 오빠

가 하는 말 이해되세요?"

"하하. 어쨌든 돈이 만들어진다니 기쁜 일이네요."

"맞아요. 지금이라도 내가 오픈했으면 기뻐해 줘야 하는 거잖아요. 오빠 저래서 문제라니까요."

"관두자, 관둬."

이 부부는 아내의 비자금이 있어서 한 달 치 생활비가 수월하게 만들어질 수 있었다. 그러나 그렇지 못한 경우에는 신용카드 금액을 갚을 때처럼 물건을 팔거나 적금을 깨거나 마이너스 통장을 써서라도 한 달 치 생활비를 가지고 시작할 수 있어야 한다. 신용카드 빚을 결제하고 온전히 그 달 쓸 한 달 치 생활비를 가지고 한 달을 시작하는 것, 이것이 재무시스템 만들기의 기반이다. 하지만 어려운 부분이기도 하다. 단기 부채가 많은 사람이라면 이렇게 하는데 몇 달이 걸릴 수도 있다.

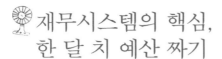

재무시스템의 핵심, 한 달 치 예산 짜기

"자, 그럼 한 달 치 생활비까지 만들어졌으면 이젠 가장 중요한 한 달 예산을 세울 수 있습니다. 여기까지 오느라고 수고하셨어요."

"그리 수고는 뭐…, 근데 예산을 세우는 게 그렇게 중요한가요?"

"네. 한 달 예산을 짜서 그 안에서 살아 내는 것이 바로 재무시스템의 핵심이에요. 지금까지 했던 모든 과정이 다 이 예산 안에서 살아가는 훈련을 하기 위해서 위한 터 닦기 작업이었다고 생각하시면 돼요. 예산을 짜는 것은 가계 재정의 골격을 세우는 거죠."

"그런데 가계부를 안 쓰고도 정말 예산 안에서 살아갈 수 있나요?"

"예. 할 수 있어요. 통장에 지출 명세가 다 나오니까 그게 가계부나 마찬가지예요. 이미 말씀드렸듯이 아무리 가계부를 잘 쓴다고 해도 예산을 정해 놓고 쓰지 않으면 아무 소용이 없어요. 이미 지출해 버린 돈을 정리하는 건 의미 없는 일이니까요. 먼저 이 도표를 한 번 보세요."

나는 도표 한 장을 현필 씨 부부에게 보여 주었다.

"이게 뭐예요?"

〈표 2〉 가계수지 분석을 위한 항목 잡기

(단위 : 원)

현금유입		현금유출	
남편	3,000,000	주거생활비	
아내	2,000,000	식비 · 외식비	
기타소득		부부용돈	
		교통비	
		문화생활비	
생활비1		통신비	
생활비2		종교헌금 · 기부금	
남편용돈		비정기 지출	
아내용돈		대출원리금	
비정기 지출		보장성보험	
현금유입계	5,000,000	현금유출계	-
		잉여자금	+ 5,000,000

"예산을 짤 때 이런 식으로 구분해 주면 돼요. 쉽게 말해서 돈을 쪼개서 이름을 붙여 주는 작업이에요. 앞서 말씀드렸듯이 우선 항목별로 예산을 잡아 보는 거예요. 식비·외식비를 얼마 쓰겠다. 그냥 신용카드로 용돈을 쓰는 것이 아니라 한 달 남편 용돈을 30만원 하겠다. 이렇듯 예산을 세우고 지출하면 아무래도 통제도 잘 되고 지출 내용과 돈의 흐름도 파악할 수 있답니다."

국가나 교회, 단체 등 돈을 지출하는 모든 조직에는 예산이 있다. 조직의 각 부서에 예산이 없다는 것은 상상하기 힘들다. 만약 각 부서가 예산 없이 필요한 대로 돈을 받아서 지출한다면 국가나 교회 재정은 오래지 않아 부도를 맞게 될 것이다. 가정에서도 마찬가지다. 예산 없이 돈을 쓰다 보면 정해진 금액보다 훨씬 초과해서 쓰게 되므로 빚을 질 가능성이 높다.

그런데 이상하게도 가정에서 예산 세우기는 그다지 중요하게 취급되지 않는다. 그렇게 된 이유는 무엇일까? 대부분 누군가로부터 예산을 세워 돈 쓰는 법을 배운 적이 없기 때문이라고 생각한다. 부모나 혹은 학교 선생님은 아이들에게 예산을 세워서 돈 쓰는 법을 가르치지 않는다. 자녀들은 그저 돈이 필요하면 부모님께 받아서 쓰면 그만이다. 배운 적이 없는 것은 부모 세대도 마찬가지다. 우리 부모세대는 가정 안에서 예산을 세울 만한 경제적,

정신적인 여유 없이 생존을 위해 숨 가쁘게 뛰어야 하는 시대를 살아왔다. 하지만 지금 우리가 살아가는 신자유주의 경제 구조 안에서는 예산 체계가 없이는 빚지지 않고 살아가기가 힘들다.

많은 사람들이 돈을 어떻게 버는지에 대해서는 초미의 관심을 기울이며 최선의 노력을 다한다. 부모도 자녀가 돈을 많이 버는 직업을 갖게 하려고 어렸을 때부터 교육에 대한 지원을 아끼지 않는다. 하지만 정작 그렇게 번 돈을 어떻게 쓸지에 대해서는 거의 가르치는 곳이 없다. 심지어 전문 재정상담가조차도 재테크에 대해서는 많은 정보를 주지만, 예산 세우기나 소비 방식에 대해서는 그다지 관심을 두지 않는다. 그래서 이러한 재무시스템이 낯설고 의미 없게 느껴지는 것이다.

예산 세우기의
핵심은 구성비

　가정 재무시스템에서 예산을 만들 때 가장 중요한 것은 구성
비다. 구성비란 지출항목별로 전체 예산에서 차지하는 비중이다.
구성비를 정해 두면 항목별 예산이 자동으로 책정된다. 예를 들어
주거생활비를 소득의 15%로 한다고 했을 때 두 사람의 한 달 급
여가 400만 원이라면 주거생활비는 60만 원이 된다. 60만 원 범위
에서 관리비와 각종 공과금, 식비를 해결하면 된다. 구성비는 가
치관이나 우선순위에 따라 가정마다 달라질 수 있다. 신혼부부라
도 아이가 있는 경우와 없는 경우는 달라진다. 그렇지만 항목별로
전체적으로 넘지 말아야 하는 일정 비율이 있다. 상담하러 온 사
람들에게 내가 얘기해 주는 기준은 다음과 같다. 주거생활비와 식
비·외식비는 소득의 15% 안에서 해결하고 자녀교육비는 10%,

비정기 지출도 10%, 가족용돈 10%, 대출원리금 10~15%, 보험 8%이다.

"센터장님. 그럼 저희는 아직 자녀가 없으니까 자녀교육비를 다른 곳으로 넘겨도 되나요?"

"네. 그러셔도 돼요. 이것은 어디까지나 기본적인 틀을 제시하는 것이니까요. 하지만 이 안에서 어떻게든 맞춰야 기본 예산을 넘어가지 않아요."

"엄청 복잡하네요. 어떻게 이렇게 정해 놓고 살아가죠? 생각만 해도 숨이 막힐 것 같아요. 그리고 너무 힘들 것 같아요."

세정 씨는 지금까지 의욕에 차 있던 모습과는 달리 의기소침하게 말했다.

"당연히 처음엔 복잡해 보일 수 있어요. 하지만 하다 보면 굉장히 단순하고 쉬워져요. 정말이에요. 이걸 한 번 보세요. 참고가 될 거예요. 저와 상담한 부부가 쓴 지출 명세서예요. 미리 양해를 얻어서 보여 드리는 거예요."

"허걱! 정말 이게 가능해요?"

세정 씨가 충격을 받은 듯한 표정으로 말했다.

"물론이죠. 이 부부도 처음엔 세정 씨보다 더 힘들고 어렵게 생각했어요. 그런데 이제는 시스템대로 살아가니까 정말 쉽다고 해요."

<표 3> 구성비로 예산을 세우고 지출하는 부부의 지출 사례

(단위 : 원)

현금유입		현금유출		구성비	비고
남편	3,000,000	주거생활비	230,000	4.6%	생활비 자동이체
아내	2,000,000	식비 · 외식비	540,000	10.8%	한통장 체크카드 2개
기타소득		부부용돈	400,000	8.0%	
		교통비	240,000	4.8%	
		문화생활비	100,000	2.0%	
생활비 1	1,340,000	통신비	180,000	3.6%	생활비 자동이체
생활비 2	640,000	종교헌금 · 기부금	560,000	11.2%	생활비 자동이체
남편용돈 (교통비포함)	340,000	비정기 지출	380,000	7.6%	연간 456만 원 지출
아내용돈 (교통비포함)	340,000	대출원리금	210,000	4.2%	생활비 자동이체
비정기 지출	380,000	보장성보험	160,000	3.2%	생활비 자동이체
		저축	2,000,000	40.0%	
현금유입계	5,000,000	현금유출계	5,000,000		
		잉여자금	-		

정해진 예산 안에서 어떻게든 맞춰서 쓰는 습관은 매우 중요
하다. 그 안에서 절제를 훈련할 수 있기 때문이다.

예산을 잡을 때 욕심이 앞서서 저축액을 과도하게 잡는 것은
그리 바람직하지 않다. 아무리 아껴 써도 한 가정이 살아가기 위
해 꼭 필요한 기본 지출이 있기 때문이다. 일반적으로 한 가정당
한 달 예산은 250만~300만 원 이상이 필요하다.

"엄마, 외식비
　　얼마 남았어?"

"저 궁금한 게 있어요. 그럼 이제부터 신용카드 빚 없이 한 달
치 생활비를 가지고 산다고 하면 오빠랑 저랑 월급날이 다른
데 그건 어떻게 해결하죠? 오빠는 17일이고, 저는 25일인데,
그럼 누구 월급날을 기준으로 해서 생활비를 준비하나요?"
"좋은 질문이에요. 바로 이 문제 때문에 한 달 치 생활비가 미
리 필요한 거기도 해요. 재무시스템 안에서는 모든 예산은 매
월 1일에 시작해서 30일에 끝낼 거예요. 그렇게 하면 복잡하
지 않고 쉽게 정리가 돼요."
"그럼 도시가스비나 관리비 같은 건 전 달에 쓴 게 이번 달에
나오는데 이건 어떻게 계산해야 하나요? 정확하게 계산하려
면 엄청 복잡해질 텐데요."

"네. 그렇죠. 하지만 그런 건 신경 쓰지 마세요. 가스비나 관리
비 등은 어차피 계속 돌아가는 거니까 전 달에 쓴 가스비가
이번 달에 청구된다면 이번 달 예산 안에서 계산하면 돼요.
또 이번 달 가스비는 다음 달에 계산하면 되는 거지요."

"아, 그렇군요. 그러면 되겠네요."

"자, 이제부터 아주 중요한 이야기를 시작할 테니까 잘 듣고
따라오셔야 해요. 먼저 이 도표를 보세요."

나는 현필 씨와 세정 씨에게 도표가 그려진 자료를 건네주었다.

"우리가 그동안 얘기했던 대로 두 분이 신용카드 결제 금액을
다 갚고 매월 1일에 그 달에 사용할 생활비 전액을 통장에 넣
고 산다고 생각해 봐요. 하루하루 그 돈에서 자동이체도 빠져
나가고 식료품도 사고 용돈도 쓰겠죠. 그렇게 살다 보면 17일
에 현필 씨 월급 300만 원이 들어오겠죠? 그럼 이 돈을 무조
건 예비비 통장으로 보내는 거예요. 그리고 25일에 세정 씨
월급 200만 원이 들어오면 마찬가지로 예비비 통장으로 보내
는 거예요. 그럼 예비비 통장에 500만 원이 모이게 되겠죠."

"그런데 예비비 통장이 뭐예요?"

"아, 그건 잠시 후에 설명해 드릴게요. 일단 지금 기억하실 건
월급을 받는 즉시 이 돈을 다른 통장으로 보낸다는 것이 중요
해요. 그리고 30일까지는 생활비 통장에 미리 넣어 둔 한 달

치 생활비로 사는 거죠. 그리고 다음 달 1일이 돌아오면 예비비에 있던 500만 원 중에서 생활비 예산으로 잡은 350만 원을 생활비 통장으로 다시 보내는 거예요. 그래서 그 돈으로 한 달을 살아가는 거죠. 이런 식으로 계속 반복하는 거예요. 이해가 되시나요?"

"네. 그런데 남은 150만 원은 왜 그냥 남겨 두는 건가요? 그게 일종의 저축인가요?"

"아뇨. 예비비는 저축과는 다른 개념이에요. 예비비 통장은 말 그대로 어떤 상황을 예비하면서 미리 비축해 두는 돈이에요. 일단 지금은 두 분이 급여 통장으로 월급을 받으면 바로 예비비 통장에 넣어 두었다가 1일이 되면 다시 생활비 통장으로 생활비만큼 옮기는 것만 기억해 두시면 돼요."

많은 신혼부부가 이 부분에서 매우 혼란스러워한다. 지금까지 한 번도 들어본 적도, 실행해 본 적도 없는 방법이기 때문이다. 그동안 없던 생활비 통장과 예비비 통장이 추가되면서 뭔가 복잡해 보이기 때문이다. 그런데 알고 보면 별로 복잡할 것도 없다. 두 사람이 함께 쓸 생활비 통장을 만들어 한 달 치 생활비를 넣고 여기에서 필요한 모든 금액을 사용하고 예비비 통장을 만들어 월급을 받으면 거기로 보내면 된다. 이렇게 한 번 시작하고 나면 점점 시스템 안에서 수월하게 살아가게 된다. 알고 보면 재무시스템 자체가 알고 보면 단순한 방식으로 운영되기 때문이다.

상담했던 많은 사람이 처음에는 이 예산 안에서 살아가는 것을 몹시 부담스러워하고 힘들어했다. 그리고 과연 그것이 자신의 삶에서 가능할 것인지 의문을 품는 사람들도 많았다. 하지만 시간이 지나면서 자신도 모르게 정해진 예산 안에서 어떻게든 살아 보려고 애쓰는 모습에 스스로 놀라기도 하고 감동을 받기도 한다. 사람은 적응력이 뛰어나 어느 정도 습관이 만들어지고 나면 그 다음부터는 저절로 움직이게 된다. 마치 아침에 일어나 이를 닦고 세수를 하는 것처럼 말이다.

〈표 4〉 가정 재무시스템 구축 사례

(단위 : 만 원)

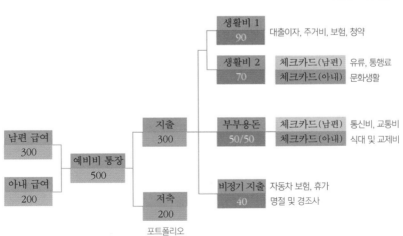

가끔 이 재무시스템대로 살아가는 가족들의 미담을 듣는다. 재정 문제로 위태롭던 가정이 회복되고, 어린 자녀들이 부모의 삶을 배워 가는 모습은 참으로 아름답다. 특히 어린 자녀들이 치킨을 시키기 전에 엄마에게 "엄마 외식비 얼마 남았어?"라고 묻는다는 이야기는 내게 큰 감동을 주었다. 이런 말을 하는 자녀는 이미 절제의 훈련을 하는 중이기 때문이다.

늦둥이 딸 민하는 한 번도 물건을 사 달라고 가게 앞에서 떼를 쓴 적이 없다. 어린이날이나 생일에도 자신이 사 달라고 할 수 있는 선물의 가격 범위를 정확히 알아서 1만 원짜리 선물 하나만 들고 나온다. 자녀들이 세상에 살면서 안 되는 게 있다는 걸 알고, 그것을 받아들이는 것은 참으로 소중한 훈련이다.

4단계 예비비 만들기

예비비는
재무시스템의 수호자

    신용카드 결제액을 깨끗이 갚고 한 달 생활비까지 준비한 후 예산을 짜서 재무시스템 안에서 순조롭게 한 달을 시작했다고 가정해 보자. 그런데 갑자기 병원비가 들어갈 일이 생기거나 차가 망가졌다거나 하는 등 예상치 못한 지출 복병이 나타난다면? 당장 돈은 필요한데 없으면 다시 신용카드를 쓰거나 빚을 내게 된다. 힘들게 쌓아 올린 재무시스템이 무너지는 것은 순식간이다.

    예비비는 말 그대로 이러한 예기치 못한 상황을 대비해서 비축해 두는 돈이다. 이 예비비는 재무시스템 안에서 저수지의 역할을 해 준다. 갑자기 예상치 못한 지출 때문에 재정이 바짝 말라 시스템이 무너질 수도 있는 급박한 상황 속에서 계속 유지할 수 있도록 물을 대주는 역할을 하기 때문이다.

"그런데 예비비로 남기고 나면 정작 쓸 게 많이 줄어들잖아
요."
"아뇨. 예비비가 그렇게 많지 않아요. 1년 기준으로 한 달 치
수입이 예비비거든요. 그만큼은 준비해 둬야 시스템이 무너
지지 않아요."

사실 전 달 신용카드 결제액과 한 달 치 생활비, 그리고 예비비
까지 확보해서 재무시스템을 가동시키면 바로 저축 모드로 들어

〈표 5〉 예비비의 역할, 긴급자금 확보

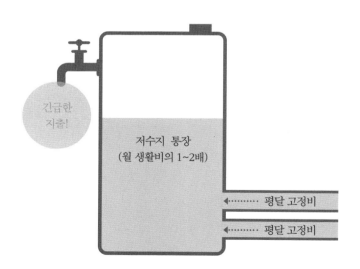

갈 수 있다. 그러나 현실적으로 이 모든 금액을 여윳돈으로 가지고 있기가 어려울 수 있기 때문에 저축을 뒤로 미루고 예비비부터 모으도록 안내하고 있다.

정기지출이 예산 초과될 때 예비비를 사용한다

　예비비는 사용하는 용도가 다양하다. 예를 들어 남편이 자동차에 작은 이상이 생겨서 카센터에 가게 됐다. 점검을 한 후 간단하게 수리를 하고 엔진오일을 교체하면서 12만 원을 지출해야 할 상황이 됐다. 용돈도 빠듯한 상황에서 거액을(?) 지출하려고 하니 돈이 부족하다. 그럼 이때는 어떻게 하는 것이 좋을까? 바로 이때 사용하는 것이 예비비다. 아내가 예비비 CMACach Management Account 통장(요즘은 카카오뱅크를 많이 이용한다)에서 돈을 꺼내서 남편 용돈 통장으로 송금하면 된다. 그러면 자동적으로 예비비 통장 명세에 남편 용돈 통장으로 보낸 기록이 남게 된다. 그때 그 기록에 자동차 수리나 오일 교체 등의 짤막한 내용까지 첨부하면 완전한 가계부가 된다.

아주 좋은 사례가 있다. 만년 대리이던 박용준 씨는 드디어 과장으로 승진을 해서 기분이 좋았다. 직원들이 한 턱 쏘라는 말에 간단하게 냉면으로 점심을 쏘기로 했다. 간단하다지만 10만 원 정도는 지출해야 하는 상황이다. 그런데 오늘이 25일이고 한 달 용돈이 30만 원인 용준 씨의 용돈은 거의 바닥이 난 상태다. 예전 같았으면 30만 원이라는 예산도 없었거니와 '과장으로 승진했는데 이 정도야' 하며 신용카드로 맘 놓고 쓸 수 있었겠지만, 지금은 그럴 수 없다. 아내와 함께 어렵게 만든 재무시스템을 엉망으로 무너뜨리고 싶지 않기 때문이다. 이럴 때 용준 씨는 어떻게 해야 할까? 우선 아내에게 이 상황을 알려야 한다. 그러면 아내는 예비비 통장에 있는 돈에서 남편 용돈 통장으로 10만 원을 보내주면서 통장 명세에 '남편용돈, 승진'이라고 쓰면 된다. 예비비는 이런 용도로 쓴다. 예상하지는 않았지만 꼭 써야 할 곳이 생겼을 때 이 비용을 책임지며 빡빡한 생활비와 용돈에 숨을 쉴 수 있는 숨통 역할을 해 주며 재무시스템을 지키는 수호자 역할을 하는 것이다.

태권도 학원을
보낼 것인가, 말 것인가

어느 날 김숙경 씨의 6살짜리 아들이 동네에서 놀다가 친구에게 맞아서 얼굴에 작은 상처가 난 채 엉엉 울면서 집에 들어왔다. 숙경 씨는 깜짝 놀라 주방에서 일하다 말고 뛰어 나왔다. 소중한 아들이 맞고 온 것을 본 숙경 씨는 속이 상하고 화가 많이 났다. 생각 같아서는 당장 달려가서 때린 아이를 잡고 혼을 내 주고 싶었지만 그럴 수는 없었다. 그 순간 숙경 씨 머릿속에 떠오른 것이 아들을 당장 태권도 학원에 보내야겠다는 생각이었다. 하지만 새롭게 지출을 하려면 남편의 동의와 협조가 필요했다. 숙경 씨는 그 날 저녁 퇴근한 남편에게 곧바로 긴급 재무회의를 요청했다.

"준서가 오늘 친구한테 맞고 들어왔어요. 아무래도 태권도 학

원에 보내야할 것 같아요. 오늘 알아보니 한 달에 8만 원이라고 하더라고요. 우리 예산 안에서 자녀교육비 통장 잔고에 돈이 한 푼도 없으니 우리가 다른 데서 짜내야 해요. 내가 용돈에서 1만 원 뺄 테니까 당신 용돈에서 3만 원만 빼요. 그럼 나머지는 생활비에서 내가 어떻게 만들어 볼 테니까."

"안 돼! 난 못 해. 지금 내 용돈도 모자란다고. 더 이상 빼는 건 무리야."

"그래요? 정말 안 되겠어요?"

"안 된다니까. 지금도 부족한데 어떻게 더 빼라는 거야? 내 입장도 좀 생각해 줘."

"그럼 할 수 없죠 뭐. 하긴 나도 생활비에서 더 빼는 게 힘들 것 같긴 해요. 그럼 태권도 학원에 보내는 대신 뭔가 다른 방법은 없을까요? 좀 생각해 봐요."

"내가 저녁 때 준서 데리고 30분이라도 아파트 놀이터에 가서 운동을 하는 건 어때?"

"좋아요. 그렇게라도 해 줘요. 당신 건강에도 좋고 일거양득이네요."

그 날 숙경 씨는 아들이 좋아하는 소시지 부침과 제육복음으로 저녁상을 푸짐하게 차려 놓고 아들이 다시는 맞고 들어오지 않도록 당부하며 친구들과 놀 때도 조심하도록 주의를 줬다.

숙경 씨가 태권도 학원을 포기한 것은 지혜로운 판단이었다. 순간적인 감정으로 무작정 태권도 학원을 떠올렸지만 그것이 정답은 아니기 때문이다. 숙경 씨의 아들 준서는 건강하고 튼튼한 편이었다. 단지 착하고 순한 성격 때문에 다른 아이가 자신을 때릴 때 같이 달려들어 싸우지 못하는 것뿐이었다. 게다가 준서는 태권도 학원에 가고 싶어 하지 않았다.

학원비는 1회성으로 끝나는 비용이 아니다. 최소 몇 달은 다녀야 할 수 있다. 그렇기 때문에 지속적으로 예비비에서 가져와 지출을 할 수 없다. 예비비는 예기치 못한 상황에서 1회성으로 지출되는 항목이라야 하기 때문이다. 태권도 비용이 한 달에 8만 원이라고 하면 여섯 달만 해도 48만 원이라는 예산 구멍이 생긴다. 이미 숙경 씨는 자녀교육비 예산 30만 원을 꽉 채워서 쓰고 있었기 때문에 더 이상 지출하는 것은 무리다. 만약 무슨 일이 있어도 태권도 학원을 꼭 보내고 싶다면 용돈을 줄이든지 생활비를 줄이든지 아니면 자녀의 학원을 하나 끊어야 한다. 그래야 전체 예산이 무너지지 않는다.

"왜 이렇게 지질하게 살아야 하는지 모르겠어요. 하지만 이제는 재무시스템을 사수하는 게 제 인생에 중요한 보물이라서 어쩔 수가 없네요."

숙경 씨는 내게 말하면서 활짝 웃었다. 그녀의 웃음 속에는 미래를 향한 기대와 스스로에 대한 뿌듯한 만족감이 담겨 있었다. 이

것이야말로 재무시스템이 가지는 가장 큰 힘이라고 나는 믿는다.

　숙경 씨가 스스로 자랑스러워할 만한 이유가 또 있다. 숙경 씨네 총수입은 380만 원이다. 두 명의 자녀를 출산한 이후 자녀양육에 전념하기 위해 숙경 씨가 직장을 그만두고 외벌이로 살고 있기 때문이다. 그런데 놀라운 일이 벌어졌다. 숙경 씨가 남편과 같이 맞벌이를 할 때는 숙경 씨의 수입 230만 원이 더해져서 610만 원이었다. 그런데 그때는 자녀도 없는 상황에서도 단 돈 10만 원도 저축을 할 수가 없었다. 그런데 지금은 외벌이에 8살, 6살짜리 두 아이를 키우면서도 숙경 씨는 매달 380만 원 수입에서 150만 원을 저축하고 있다. 사실 요즘의 상식으로는 불가능한 일이다. 하지만 재무시스템이 있기에 가능하다. 이것이 내가 재무시스템을 강조하고 또 강조하는 이유이다. 만약 두 아이가 어느 정도 자랐을 때 숙경 씨가 다시 일을 시작한다면 어떤 일이 벌어질까? 그때는 지금보다 훨씬 더 많은 금액을 저축하게 될 것임은 명약관화한 일이다.

예비비를 다 써도 구조가 안 무너지는 게 중요하다

일반적으로 예산을 정해 놓고 그 안에서 지출하는 것을 부담스러워하는 이유는 그것보다 더 지출해야 하는 순간에 어떻게 대처해야 할지 모르는 두려움 때문이다. 예비비는 그런 지출을 대비해서 미리 비축해 두는 돈이다. 예비비는 보통 1년에 월급의 1배 정도를 기준으로 한다. 그래서 월급이 400만 원이라면 400만 원 정도를 예비비 통장에 모아 놓는 것이 적당하다. 하지만 형편이 쪼들린다면 평균적으로 300만 원 정도를 추천한다.

처음 재무시스템을 시작한 1년 동안은 예비비를 다 써도 무방하다. 예산 안에서 살아남으로써 재무시스템을 무너뜨리지 않는 것이 더 중요하기 때문이다. 또한 사라진 예비비를 두고 부부가

서로에게 책임을 떠넘기거나 탓하며 갈등할 필요가 없다. 중요한 것은 시스템을 지키는 것이기 때문이다. 그러므로 1년 뒤에 예비비를 다 썼다고 해도 시스템을 지켜 낸 것에 대해서 부부는 서로의 수고를 인정하고 격려해 줄 필요가 있다.

그럼 이 예비비를 1년 동안 다 썼다고 하면 그 다음 해에는 어떻게 조달해야 할까? 예비비는 1년 동안 저축해 둔 적금 통장에서 조달한다. 그런데 신기한 현상이 있다. 처음 재무시스템을 시작하면 예비비에서 돈을 빼 쓰는 일이 잦다. 하지만 시간이 지날수록 예비비를 지키고 싶은 목적의식이 생긴다. 예비비를 지키지 않으면 1년 동안 애써서 모아 놓은 적금을 써야 하는데 그것이 아깝게 여겨지는 것이다. 또한 예산 안에서 절제하면서 소비하는 습관이 정착되면 예비비를 쓸 일이 자연히 줄어들게 된다. 예비비를 지출하기 전에 '꼭 필요한 지출인가?' 다시 한 번 스스로 반문하면서 필터링하게 된다. 그래서 2년, 3년이 지날수록 예비비가 지켜지는 비율이 높아지면서 나중에는 1년이 지나도록 예비비가 그대로 남아 있는 기적 같은 일이 생긴다. 예비비를 지켜 냈을 때의 그 성취감과 뿌듯함은 어렸을 때 우등상을 받았을 때의 느낌보다 좋다고 고백할 정도다.

2년 차 때는 예비비의 60%를, 3년 차 때는 70%를 남긴다고 생각하고 살아 본다. 이런 식으로 점점 늘려 가다 보면 5년 이내에 예비비는 고스란히 남게 될 것이다. 그런데 2년, 3년이 지나도 예비비가 남아 있지 않다면 이것은 처음부터 예산을 잘못 짰다고 봐야 한다. 예산을 너무 무리하게 짠 것이다. 그렇게 되면 10년이 지나도 예비비가 남아 있지 않을 가능성이 높다. 이럴 때는 예산을 다시 짜야 한다. 예산 초과가 반복되는 항목을 다시 한 번 검토해 보고 예산을 좀 더 높게 책정해야 한다. 물론 전체 예산 구조 안에서다. 한쪽 예산을 올리면 다른 쪽 예산이 깎여야 하는 것은 재무 시스템의 원칙이다.

5단계 비정기 지출 준비하기

연간으로 지출되는
비용이 있다

"월 생활비와 예비비를 준비해서 그동안 얘기한 대로 잘 따라
오면 재무시스템은 안정적으로 갈 수 있습니다. 하나면 더 신
경 쓰면요."
"네? 어휴, 이제 끝났나 했더니 뭐가 또 있어요? 그게 뭔데요?"
"연간으로 지출하는 비정기 지출 비용입니다."
"비정기 지출이 뭔데요?"
세정 씨는 좀 지친다는 듯이 말했다.
"매월 생활비처럼 정기적으로 빠져나가는 비용 이외에 비정기
적으로 나가는 비용이 있습니다. 예를 들면 어버이날이나 부
모님 생신, 명절 비용, 휴가 비용, 자동차 보험료, 재산세처럼
매년 지출해야 하는 돈인데 매달 나가는 돈은 아닌 거죠."

"아, 맞아요. 그런 비용이 꽤 있어요."

"이런 돈은 이번 달에 필요한 지출이 아니라고 해서 준비해 놓지 않으면 나중에 곤란해져요. 자동차보험이 만기가 돼서 당장 다시 가입해야 하는데 돈이 없으면 또다시 신용카드의 유혹에 사로잡히게 되거든요. 그럼 또 선순환 구조가 무너지게 되죠."

"그것을 예비비로 하면 되는 것 아닌가요?"

"예비비는 전혀 예상치 못하는 일, 어쩌다 한 번 일어나는 일을 위해 필요한 돈이죠. 비정기 지출은 예상이 가능한 돈이에요."

정기지출과 비정기 지출의 가장 큰 차이는 정기지출은 매월 들어가는 비용이고 비정기 지출은 매년 들어가는 비용이라는 것이다. 한 달 예산을 세워 생활비를 지출하듯 비정기 지출은 연간 예산을 세워 지출하면 된다. 비정기 지출에 대한 인식이 없으면 매월 알뜰살뜰 빠듯하게 생활을 해도 돈이 어디로 갔는지 모르겠다는 얘기가 나온다.

비정기 지출의 총합은 소득의 100~150%를 넘으면 안 된다. 예를 들어 부부 급여가 500만 원이라면 1년 비정기 지출은 500만 원 한도 안에서 지출해야 한다. 쉽게 말해서 1년 동안 한 달 치 월급만큼 지출한다고 생각하면 된다. 그러므로 500만 원을 12개월로 나눈 금액인 40만 원씩 매달 예산 안에서 모아 둬야 한다. 그렇게 하지 않으면 자동차보험, 세금 등을 지출해야 할 때 당연히 생활비가 모자라게 된다.

　나는 내담자들에게 비정기 지출을 위한 예산을 어떻게 확보할지 스스로 선택하도록 한다. 성과 보너스나 명절 보너스 등으로 비정기 지출을 대부분 커버할 수 있는데 그렇다 해도 미리 예산 책정을 해 두어야 보너스를 지킬 수 있다. 보너스가 없는 경우 목돈이 있다면 비정기 지출도 예비비처럼 비정기 지출 통장에 가지고 시작하면 되고 그렇지 않다면 매달 비정기 지출 명목으로 40만 원씩 떼어 놓았다가 쓰는 방법이 있다. 어떤 사람들은 목돈을

〈표 6〉 비정기 지출 구성 내용

명절

자동차
보험료

매 년, 수시로
들어가는 돈

휴가

각종 경조사

통장에 넣어 두는 것이 아깝다고 하고 또 어떤 사람들은 매달 따로 떼어 놓는 게 번거롭다고도 한다. 두 가지 방법 중에서 자신이 편한 방법을 선택하면 된다.

비정기 지출은 명절, 자동차세 등 지출 시기가 정해져 있는 것이 많지만 경조사비나 화장품, 옷과 같이 시기가 정해지지 않은 지출도 함께 있어 정확하게 책정하기가 쉽지 않다. 매월 정기 지출의 경우는 한 달만 지나면 우리 가정이 예산 안에서 살았는지 못 살았는지가 명확하게 확인이 된다. 하지만 비정기 지출은 1년 단위라 1년이 지나 봐야 그 결과를 알 수 있다. 매월 생활비에서 외식비가 떨어졌다고 하면 그때는 외식하는 대신 집에서 먹는 것으로 대체하면서 돈을 절약해서 어떻게든 한 달을 살아 낼 수 있다. 하지만 비정기 지출의 경우는 예상치 못한 변수들이 많이 작용한다. 비정기 지출에 대한 재미있는 사례가 있다.

비정기 지출은 관계 지출이라서 어렵다

　김종수 씨는 직업이 의사다. 결혼하기 전에는 매달 부모님께 용돈으로 150만 원을 드렸다. 그런데 결혼을 하고 보니 여기저기 들어가는 돈이 많아져서 드리던 용돈을 50만 원으로 줄였다. 부모님도 경제적으로 어려운 상황이 아니어서 별 문제가 되지 않았다. 그런데 명절 때마다 문제가 생겼다. 매달 150만 원씩 받던 용돈을 100만 원이나 양보한 어머니는 명절 때에는 자연히 기대가 컸다. 100만 원씩 1년이면 1,200만 원이다. 어머니는 명절 때 그 절반 정도쯤은 줄 것으로 기대하셔서 갈등이 생겼다. 어느 날 시어머니는 며느리한테 전화해서 친구들과 부부동반 해외여행을 가기로 했는데 100만 원 정도가 모자란다고 보내 달라고 했다. 며느리는 순순히 100만 원을 시어머니한테 송금했다. 그런데 시어머니가 아들한테도 똑같이 전화를 했다. 그러자 아들은 그 동안 미안한 마음도 있고 해서 300만 원을 송금해 드렸다. 그 날 저녁 집에 들어온 남편이 아내에게 어머니한테 300만 원을 송금했다는 사실을 알렸다. 그러자 아내는 어이없는 표정을 지었다. 시어머니가 이미 자신이 보낸 100만 원을 받고 아들에게 또 전화를 해서 돈을 받아 낸 것에 화가 난 것이다.

"어머니 정말 이상하시네! 내가 분명히 드렸는데 왜 또 당신한 테 전화해서 돈을 받아 내시는 건데?"

"우리 엄마 나 의사 만드느라 고생 많이 하셨어. 그거 몇 배 되는 돈을 내 학비로 주셨는데, 내가 그 정도도 못해 드린다는 거야?"

"그런 얘기가 아니잖아. 우리 친정집은 당신 부모님보다 훨씬 더 형편이 어려워도 나한테 그런 부탁 안 하셔. 매달 20만 원 드리는 것도 고마워서 어쩔 줄 몰라 하신다고."

"그게 억울하면 당신도 돈 벌어. 그래서 집에 드리면 되겠네."

"당신 지금 말 다 했어?"

결국 그 일이 화근이 되어 두 사람은 며칠 동안 냉전 상태로 지냈다. 사실 금액의 차이는 있겠지만, 주변에서 쉽게 볼 수 있는 일이다. 시댁에는 얼마를 드리고, 친정에는 얼마를 드리느냐는 문제로 부부가 부딪히는 일은 흔히 일어날 수 있는 일이다. 특히 시댁과 친정의 경제적 차이가 심할 때 그 갈등의 골은 더욱 깊어진다. 그러므로 신혼부부 때는 이러한 문제를 섬세하게 다룰 수 있는 부부 재무대화가 많아야 한다. 특히 미혼 때 부모님께 많은 액수의 돈을 드려 왔다면 결혼 이후 배우자와 함께 솔직하게 대화를 해서 풀어 나가야 한다. 일방적으로 '나는 무조건 이만큼 드려야 한다'고 고집을 부리면 새로 만든 가정이 흔들릴 수 있기 때문이다. 부모님 입장에서 보면 갓 결혼한 아들과 며느리가 얼마나 잘 해 주는가는 친구들 간에 자랑거리가 된다. 그래서 계속 자랑할 만한 거리가 생기기를 은근히 기대하시곤 한다. 이럴 때 발상의 전환을 통해 큰돈이 아니더라도 정성과 배려가 깃들인 선물이나 행동으로 부족한 돈의 공백을 충분히 메울 수 있다.

얼마 전 어머니께서 친구 분들과 제주도 여행을 다녀오셨다. 나는 여행 전에 미리 전화를 해서 공항 픽업서비스를 신청해 드렸다. 노인 분들이 제주 공항에서 택시를 잡고 숙소로 가는 과정이 그다지 쉽지 않다는 걸 알기에 5만 원 정도의 금액으로 기사가 직접 어머니 일행을 맞이해서 숙소까지 모셔다 드리는 서비스를 제공한 것이다. 또 저가 항공사인 제주항공을 이용하신다는 정보를 듣고 나는 5천 원을 추가로 지불해서 어머니의 좌석을 맨 앞에 있는 편한 좌석으로 바꿔 드렸다. 그다지 큰돈을 들이지는 않았지만 작은 정성으로 어머니는 친구 분들께 고맙다는 인사를 들으며 즐거운 시간을 보내셨다고 하셨다.

신혼부부의 경우, 부모님들이 아직까지 경제적 활동을 하시거나 경제적 여력이 있는 경우가 많다. 그래서 부모님께 드리는 용돈 때문에 부부가 갈등할 일은 상대적으로 적은 편이다. 하지만 40대 후반이 되면 부모님이 경제적 활동이 끝나는 시기이다. 게다가 노후준비가 안 되신 부모님의 경우는 생존의 위협을 받는 시기이므로 부모님께 드리는 용돈 액수로 인해 부부가 갈등이 생기기가 쉽다. 그러므로 부모님께 드리는 용돈을 예산으로 미리 정해놓고 실행하는 것은 갈등의 요소를 미연에 방지하는 효과도 있다.

여행은 오히려 어렵지 않다. 여름휴가처럼 정해진 날짜가 있기 때문에 그 날짜에 정해진 금액을 쓰면 된다. 해외여행을 한다 해도 예산을 세운 후 그 예산에 맞는 곳으로 가면 된다. 중요한 것은 장소보다 예산을 먼저 세우고 그 예산에 맞는 곳으로 가는 것이다.

"그럼 자녀출산 비용은 비정기 지출인가요?"
"아니에요. 자녀출산 비용은 따로 준비해야 해요. 그래서 임신 사실을 알게 된 순간부터 출산통장을 만들어서 시작해야 해요. 두 분에게는 해당이 안 되겠지만 제가 방송프로그램에서 만난 분인데 자녀출산까지 200만 원으로 다 해결하셨어요. 소득이 적은 분들은 행복카드 같은 나라의 정책을 잘 활용하면 저렴한 비용으로 출산을 준비할 수 있어요."

🕰 소신이 필요한 비정기 지출, 경조사비

비정기 지출에서 가장 큰 고민에 빠지게 하는 것이 바로 경조사비다. 친구의 결혼식에 얼마를 축의금으로 내야 할지를 정하는 것은 쉽지 않다. 특히 내 형편이 어려울 때는 더욱 그렇다. 내 형편에 맞게 얄팍하게 봉투에 넣고 나면 괜히 뒤통수가 따갑다. 나중에 그 친구를 만날 때도 마음이 무겁다. 실제로 친구 간에 축의금 액수 때문에 의가 상하는 경우가 생기기도 한다. 내가 이만큼 했으니 너도 꼭 이만큼 해야 한다는 고정관념이 지배하기 때문이다. 이런 모습은 사람의 마음을 돈으로 측정하는 각박하고 계산적인 우리 세태를 반영하는 것 같아서 씁쓸하다.

"축의금 5만 원 하면 뒤통수가 좀 따가워요."

내담자 중에 누군가 이렇게 말했을 때 나는 그 시간을 견뎌 내라고 했다. 만약 돈이 없어서 초라하다는 생각이 들면 주님 앞에서 울라고 했다. 상대방이 서운할 수도 있다. 하지만 그런 모든 시간들을 이겨 내야 한다. 오해 받거나 억울할 수 있지만 감당하고 대가를 치르는 것이다. 그리고 체면이나 위신을 내려놔야 한다. 상대방이 기대하는 것은 그들의 기준이고 적은 금액밖에 못하는 것은 나의 기준이다.

사실 우리나라의 축의금 문화는 바뀌어야 한다. 일단 결혼식 자체를 너무 무리해서 성대하게 하다 보니 축의금에 의존하는 비율이 커진다. 왜 무리해서 결혼식을 해야 하는가? 그 내막을 파헤쳐 보면 결국 체면 문화 때문이다. 남들이 하는 만큼 내 자식도 성대하게 결혼을 해야 내 체면이 망가지지 않는다는 그 생각이 결국 자녀들의 새로운 출발에 짐을 지우고 부모의 노후를 흔들리게 만든다. 자신의 형편대로 소박하지만 의미 있는 결혼식을 할 수 있는 문화가 정립되어야 할 때다.

이런 문화를 가장 잘 시작할 수 있는 사람이 바로 크리스천들이다. 크리스천은 세상적인 기준이 아닌 하나님의 기준으로 사는 사람들이기 때문이다. 남의 눈치를 보지 않고 믿음대로 실천하는 것이 크리스천의 삶이라고 나는 믿는다. 그러니 축의금을 내 형편에 맞게 조금밖에 못하는 것에 대해서도 주눅 들 필요가 없다. 그들의 성대한 잔치에 기준을 맞출 필요는 없다.

가장 까다로운 비정기 지출, 옷 값

비정기 지출 중에서 경조사비 못지않게 까다로운 품목이 바로 여성의 옷값이다. 상담을 하다 보면 아내의 옷값에 대한 질문을 많이 받게 된다. 특히 맞벌이 부부의 경우, 아내의 옷값은 꾸준히 지출되는 품목이다. 우리나라는 사계절이 뚜렷해서 옷값이 많이 든다. 게다가 미용실에 한 번 다녀올 때마다 거액이 지출된다. 그래서 일반적으로 남편보다 아내의 용돈 액수가 피복비를 고려해서 5만~10만 원 정도 더 많은 가정도 있다. 여성들의 외모를 가꾸고 치장하는 비용을 인정하는 것이다.

신혼부부들이 예산을 세울 때 가장 까다로운 것이 옷값이다. 그러므로 옷값은 비정기 지출에서 피복비로 따로 책정해야 한다.

그래서 나는 내담자들에게 일단 1년간 드는 총 옷값을 정해 보도록 한다. 예를 들어 1년에 200만 원 정도를 피복비로 한다면 비정기 지출에서 따로 책정해 두고 지출하는 것이다. 필요하다면 통장을 만들어 따로 관리하든가 봉투를 사용하는 것도 좋은 방법이다.

여성들이 옷을 살 때는 일반적으로 두 가지 유형으로 나뉜다. 적은 수량이라도 비싸고 좋은 옷을 선택하는 사람과 싼 옷을 자주 구입하는 사람이 있다. 예를 들어 저가 매장에서 옷을 사게 되면 금액이 크지 않으므로 자연히 자주 구입하게 된다. 그러다 보면 1년 동안 얼마를 옷값으로 지출하는지 정확하게 알 수가 없다. 차라리 비싼 옷을 적은 횟수로 사는 사람은 옷 사기를 멈추는 것이 쉽다. 하지만 싼 옷을 자주 사는 습관을 갖고 있는 사람은 통제가 잘 안 된다. 쓸 때는 2만 원 안팎의 적은 돈인데 놀랍게도 6개월만 지나면 피복비가 동이 난다. 이것이 문제다. 피복비는 부부가 재무대화로 풀어 나가야 한다.

비정기 지출은 매년 고정적으로 나가기 때문에 생활비 안에서 처리하는 비용이라고 생각하기 쉽다. 그러나 매월 나가는 금액과 매년 들어가는 금액을 섞으면 월 생활비가 얼마가 들어가는지 제대로 파악이 되지 않고, 비정기 사용 내역을 파악할 수 없어 지출이 통제되지 않는다. 매월 생활비를 책정해 두듯 비정기 지출은 연초에 1년 예산을 책정해 둔다.

앞서도 얘기했지만 비정기 지출은 대체로 시기가 정해져 있다. 1~2월의 신년과 설 명절, 3월 신학기, 5월 가정의 달, 7~8월 휴가, 10월 추석, 12월 김장과 크리스마스 같은 절기 명절과 부모님 생신과 가족 생일, 6월과 12월의 자동차세, 9월의 재산세 등 시기가 정해져 있는 비정기 지출은 부부가 의논하여 금액을 미리 정해 둔다. 그리고 시기가 정해지지 않은 지출, 예를 들어 경조사비나 옷값 등은 전체 비정기 예산(한 달 급여액)에서 이 금액을 제외한 금액 안에서 충당해야 한다. 이렇게 미리 1년 예산을 세워 두면 비정기 지출이 관리가 된다. 그럼에도 예산을 넘어서서 지출될 때는 이 또한 재무시스템의 구원자인 예비비에서 가져다 쓰면 된다. 그러나 예비비도 한도액(한 달 급여액)이 있으므로 정기지출과 비정기 지출이 계속 초과되지 않도록 절제해야 함은 물론이다.

지름통장, 목적통장의 기쁨 맛보기

　재무시스템 안에서 산다고 해서 늘 여유 없이 빠듯하게 사는 것은 아니다. 그 안에서 충분히 여유를 즐길 방법이 있다. '지름통장'이 그것이다. 나는 "센터장님. 이렇게 예산 안에서 살면 정말 사는 게 재미없을 것 같아요." 하고 말하는 내담자들에게 지름통장을 소개한다. 월 10만이나 20만 원씩 적금을 넣고 1년 후 120만 원~240만 원의 돈이 나오면 부부가 똑같이 나눠서 각자 쓰고 싶은 곳에 사용한다.

　옷을 사든, 전자제품을 사든, 친구들에게 한 턱을 내든, 국내여행을 가든 돈의 사용처에 대해 부부가 서로 관여해서는 안 된다, 이렇게 하면 하고 싶은 일을 돈을 모아서 하는 기쁨도 누리고 재무시스템을 유지하면서 힘들고 지쳤던 마음도 보상이 된다. 그

러면서 또 다시 힘을 내어 재무시스템을 돌릴 수 있기 때문이다.

지름통장과 조금 다른 목적통장도 있다. 작년 여름, 상담을 시작한지 8년이 된 이상미 고객으로부터 뜻밖의 사진을 카톡으로 받았다. 온 가족이 미국 그랜드캐니언과 라스베이거스에서 휴가를 즐기고 있는 사진이었다. 상미 씨네 가정 예산을 대충 알고 있는 나로서는 갑작스런 그들 가족 여행 사진에 약간은 놀랐다. 궁금하긴 했지만 8년 동안 안정된 재무시스템을 유지하고 있는 상미 씨 부부에 대한 신뢰가 있었으므로 나는 마음껏 축하해 주었다.

"와, 대박! 멋진 여행을 하고 계시는군요. 그런데 어떻게 가신
  거예요?"

상미 씨로부터 예상치 못한 답이 돌아왔다.

"팀장님. 감사해요. 팀장님께서 우리 여행 보내 주셨어요."

"예? 제가요? 그게 무슨 말씀이세요?"

"생각 안 나세요? 2010년도에 저희한테 펀드 상품 추천해 주
  셨잖아요."

그제야 나는 오래 전 일이 떠올랐다. 2010년, 상미 씨 부부와 상담을 시작한 지 6개월쯤 됐을 때의 일이다. 초등학생인 딸과 유치원생 아들이 있었던 상미 씨는 재무시스템을 만드는 과정 중 몹시 힘들어했다.

"빚 안지고 예산 안에서 사는 게 맞는 건 알겠는데요, 평생 동
  안 이렇게 궁상맞게 살게 될까 봐 겁이 나요. 정말 요즘은 사

는 게 기쁨이 없어요. 이러다 우울증 생길 것 같아요."

상미 씨는 지치고 우울한 표정으로 말했다. 나는 상미 씨의 힘든 마음을 조금이라도 덜어 주고 위로해 주고 싶었다.

"그럼 혹시 상미 씨가 가장 갖고 싶거나 하고 싶은 게 있어요? 그게 뭔지 생각해 보세요."

한참 생각하던 상미 씨가 머뭇거리며 대답했다.

"전 제대로 된 미국 여행을 하고 싶어요. 남편 출장 때 따라가서 공원 산책이나 하는 거 말고요. 진짜 여행으로 가 보고 싶어요. 그래서 온 가족이 돈 걱정 안 하고 실컷 여행을 즐기며 추억을 만들고 싶어요."

"좋아요. 그렇게 하세요."

"네? 어떻게요? 우리 형편은 센터장님이 더 잘 아시잖아요."

"할 수 있어요. 지금부터 미국 여행을 위한 목적통장을 만드는 거예요. 한 달에 10만 원 정도는 어떻게든 모을 수 있을 거예요. 그 돈으로 제가 추천하는 상품에 매달 투자해서 그 돈으로 여행을 준비하시면 돼요."

나는 상미 씨한테 적금이 아닌 펀드에 가입하도록 권했다. 단기에 쓸 돈이 아닐 때는 펀드 상품이 더 유리하기 때문이다. 그리고 까맣게 잊고 있었다. 그런데 7년 후 그 펀드 상품이 두 배 가까이 올랐다. 상미 씨가 불입한 원금은 840만 원이었지만, 수익금까지 합해서 1,400만 원이나 된 것이다. 상미 씨 부부는 그 중에서 1,300만 원을 찾아서 지름통장에 넣은 후 체크카드 하나만 들고 온 가족이 미국 여행을 떠났다. 그리고 기쁨을 나와 함께 나누기 위해서 그랜드캐니언에서 찍은 사진을 보내온 것이다. 나는 사진을 보며 가슴이 뭉클했다. 그동안 상미 씨 부부와 함께 울고 웃었던 시간들이 내 기억 속에서 파노라마처럼 흘러갔다. 상미 씨 부부가 행복하게 웃는 얼굴을 보면서 그들은 이런 행복을 누릴 만한 충분한 자격을 갖춘 사람들이라는 생각이 들었다.

◎ 전체 재무시스템
다시 한 번 정리하기

세정 씨, 현필 씨 부부와 상담을 시작한 지 1년이 흘렀다. 1년 후 리뷰 상담을 위해 사무실 문을 열고 들어서는 세정 씨와 현필 씨의 표정이 밝았다.

"센터장님. 놀라지 마세요! 저희 드디어 마통 다 갚고 재무시 스템 안에서 저축 시작했어요."

"와! 축하드려요. 정말 빨리 시작하셨네요. 전 두 분이 끝까지 해 내실 거라고 믿었어요. 하하. 어쨌든 정말 그 동안 수고 많 으셨어요. 오늘 상담 끝나고 나면 두 분이 멋진 식사를 하시 면서 서로를 격려하고 축하해 주는 시간을 가지면 좋을 것 같 아요."

"그렇잖아도 오빠가 오늘 멋진 식당을 예약했어요. 이건 예비

비에서 쓸까 해요. 외식비 봉투가 달랑달랑 하거든요."

"그렇게 하세요. 그럼 두 분께 기념품을 드려야겠네요."

나는 두 장의 종이를 현필 씨와 세정 씨에게 내밀었다.

"이게 뭐예요?"

"두 분이 처음 상담을 시작했을 때 재무제표와 현재의 재무제 표예요. 두 분 재정이 어떻게 달라졌는지 한눈에 보실 수 있 도록 보내 주신 자료를 정리해 봤어요."

"진짜 감회가 새롭네요. 1년 전에 우리가 이렇게 살고 있었군 요. 1년 전이 한 10년 전처럼 까마득하게 느껴져요. 특히나 매 월 마이너스이라 십일조를 못해서 늘 마음에 걸렸어요. 믿음 으로 잘 살려고 결혼해서 수입은 많아졌는데 오히려 예전엔 잘하던 십일조 생활도 못하고 저축도 못하고 너무 비참하고 힘들었거든요. 왜 결혼을 했나 싶을 정도로요. 십일조도 못하 고 저축도 못하던 우리가 이제 온전한 십일조도 하고 저축도 150만원씩이나 하게 됐어요. 저희가 그때 센터장님 찾아와서 해결책을 찾지 못했으면 아마 지금쯤 빚에 휘감겨서 허덕이 고 있을 거예요. 정말 감사해요. 센터장님."

현필 씨와 세정 씨가 감회 어린 표정으로 말했다.

"감사하긴요. 전 제 일을 했을 뿐인데요. 지금까지가 가장 어려 운 시간들이었고 앞으로는 시스템 안에서 살아가니 훨씬 쉬 울 거예요."

"네. 맞아요. 처음 몇 달 동안은 금단현상처럼 힘들더라고요.

비참하기도 하고 이게 언제 끝날까 까마득하기도 했어요. 그런데 시간이 지날수록 견딜만해 졌어요. 친구들 모임에서도 나 돈 없다고 당당하게 말할 수 있게 되더라고요."

"전 외제차를 국산차로 바꾸고 나니까 마음이 정말 편해지더라고요. 그 동안은 사고 날까봐 늘 조마조마했었거든요. 폼 나게 끌고 다닐 땐 좋은데 오일 교환이나 타이어 갈 때는 국산차의 두 배가 드니까 진짜 아깝더라고요."

"네. 잘하셨어요. 결국 현필 씨의 결단 때문에 더 빨리 선순환 구조로 돌아가고 저축까지 하게 된 거예요."

"맞아요. 오빠가 차 안 팔았으면 계속 어려웠을 거예요."

예산을 세우고 한 달을 월급 안에서 살아가는 것은 다이어트와 비슷하다. 자유롭게 신용카드를 쓰면서 살다가 갑자기 예산 안에서 자신의 모든 지출을 인식하고 절제하는 것이 마치 음식을 앞에 두고 먹지 못하는 심리적 압박감과 비슷하기 때문이다. 몇 번이나 포기하고 싶은 마음이 들기도 한다. 그러나 마이너스 통장을 쓰며 살다가 저축 금액이 조금씩 늘어나는 것을 보게 되면 그 감회는 매우 새롭고 특별하다. 이렇게 저축한 돈은 다시 쉽게 쓰기 힘들다. 그 다음부터는 돈 앞에서 마음 다스리기가 된다.

재무시스템 만들기는 신혼부부 때가 가장 좋은 때이다. 이제 막 결혼을 해서 모든 것이 새롭게 만들어지는 시기이기 때문이다.

게다가 서로를 아끼고 사랑하는 마음이 커서 부부 대화가 잘 되고 새로운 삶을 잘 살아 보고 싶은 의욕이 가장 클 때다. 그리고 무엇보다도 서로에 대한 사랑이 풍성하고 상처가 없다. 40~50대 부부는 이런 재무시스템을 새롭게 만드는 것이 매우 어렵다. 오랜 세월 동안 함께 살면서 서로에 대한 상처가 많이 쌓였기 때문이다. 딱히 누구의 잘못이라고 할 수도 없다. 오랜 세월 함께 살다가 이런 저런 실수와 아픔들이 상처가 된 것이다. 여성들은 시댁에 쌓

〈표 7〉 현필 씨와 세정 씨의 1년 전 가계수지표

(단위 : 원)

현금유입		현금유출		
남편	3,000,000	주거생활비	400,000	7.7%
아내	2,000,000	식비 · 외식비	800,000	15.3%
기타소득		부부용돈	800,000	15.3%
		교통비	400,000	7.7%
		문화생활비	200,000	3.8%
		통신비	240,000	4.6%
		종교헌금 · 기부금		0.0%
		비정기 지출	1,000,000	19.2%
		대출원리금	354,000	6.8%
		보장성보험	460,000	8.8%
		자동차 할부금	560,000	10.7%
현금유입계	5,000,000	현금유출계	5,214,000	
		잉여자금	-214,000	

인 서운함과 억울함이 생각보다 깊다. 게다가 뜨거운 사랑의 온도도 식어서 무언가 새롭게 시작할 의욕을 짜내기가 어렵다. 간혹 40대 부부 중에 이런 재무시스템을 10년만 빨리 만났더라면, 그래서 신혼부부 때부터 했다면 자신들의 인생이 달라졌을 거라고 말하는 사람들도 있다.

〈표 8〉 상담 1년 후 달라진 가계수지표

(단위 : 원)

현금유입		현금유출		
남편	3,000,000	주거생활비	289,000	5.8%
아내	2,000,000	식비 · 외식비	600,000	12.0%
기타소득		부부용돈	500,000	10.0%
		교통비	200,000	4.0%
		문화생활비	150,000	3.0%
생활비1	1,684,000	통신비	145,000	2.9%
생활비2	1,000,000	종교헌금 · 기부금	620,000	12.4%
남편용돈	340,000	비정기 지출	450,000	9.0%
아내용돈	300,000	대출원리금	354,000	7.1%
비정기 지출	1,100,000	보장성보험	190,000	3.8%
		저축	1,500,000	30.1%
현금유입계	5,000,000	현금유출계	4,998,000	
		잉여자금	+2,000	

현필 씨 · 세정 씨 부부의 사례는 결코 특별한 경우가 아니다. 물론 급여액에 따라 차이는 있을 수 있지만 누구나 위의 순서대로 재무 시스템을 만들어 가다 보면 저절로 재정이 선순환 구조로 흘러가게 된다. 나는 신혼부부들에게 지금 당장 이 재무 시스템 만들기를 시작해 볼 것을 간절히 권유한다.

<표 9> 상담 전 후의 변화된 지출내용

(단위 : 원)

현금유입		현금유출		
			1년 전 지출	현재 지출
남편	3,000,000	주거생활비	400,000	289,000
아내	2,000,000	식비 · 외식비	800,000	600,000
기타소득		부부용돈	800,000	500,000
		교통비	400,000	200,000
		문화생활비	200,000	150,000
		통신비	240,000	145,000
		종교헌금 · 기부금		620,000
		비정기 지출	1,000,000	450,000
		대출원리금	354,000	354,000
		보장성보험	460,000	190,000
		자동차 할부	560,000	
		저축		1,500,000
현금유입계	5,000,000	현금유출계	5,214,000	4,998,000
		잉여자금	-214,000	+2,000

6단계 갈등 조절하기

선순환구조를 만들 때
흔히 생기는 갈등

황미나 씨와 김정균 씨가 상담실 안으로 들어설 때 나는 두 사람에게 뭔가 심각한 상황이 발생했음을 감지했다. 지난번 상담 때만 해도 재무시스템이 생각보다 빨리 잘 만들어졌다고 기뻐했던 두 사람이었다. 하지만 오늘은 두 사람 사이에 알 수 없는 냉기가 감돌았다.

"센터장님. 저 지금 너무 기가 막혀서 말이 안 나오는 거 있죠."
화가 잔뜩 난 표정으로 미나 씨가 먼저 말문을 열었다.
"왜요? 무슨 안 좋은 일이 있었나요?"
"네. 이 사람이 저를 다섯 달 동안이나 감쪽같이 속였지 뭐예요."

나는 미나 씨보다는 고개를 푹 숙인 채 죄인처럼 앉아 있는 정
균 씨에게 더 관심을 집중했다.

"글쎄 그 동안 이 사람이 자기 용돈을 다 쓰고 아주버님께 돈
을 빌려서 썼지 뭐예요. 매달 20만 원씩 전부 백만 원이나요!
이게 말이 돼요? 전 그런 줄도 모르고 용돈을 아껴서 잘 쓰고
있다고 계속 칭찬을 해 줬다니까요! 바보처럼."

나는 속으로 안도의 한숨을 내쉬었다. 재무시스템을 만들어 가
는 과정 중에서 충분히 있을 수 있는 일이었기 때문이다.

"그러셨군요. 그런데 괜찮아요. 그러실 수 있어요."

"네? 그럴 수 있다고요? 저를 속였다니까요!"

"정균 씨한테 그만한 사정이 있었겠지요. 어떤 부부든 재무시
스템 안에서 사는 게 절대로 쉽지 않아요. 저한테 재무 상담
받는 신혼부부들 중에 시스템이 무너져서 좌절하면서 찾아오
시는 분들도 많아요."

"그래요…?"

미나 씨가 조금 수그러들자 죄인처럼 앉아있던 정균 씨 얼굴
표정이 점점 살아나기 시작했다.

"정균 씨가 그동안 많이 힘드셨을 것 같은데, 말씀 좀 해 보세
요."

나는 신혼부부 재무 상담을 할 때 부부 중에서 열심히 노력해
서 숙제를 해 오는 사람보다는 배우자에게 이끌려서 할 수 없이
참여하는 사람에게 더 관심을 갖는다. 두 사람이 한 팀인데 한 사

람이 낙오되면 그 팀은 계속 전진할 수 없기 때문이다. 그래서 뒤에서 처지는 사람의 마음을 살피고 더 격려하는 것이 중요하다.

"네. 좀 힘들었어요…. 실은 제가 승진을 했거든요. 그래서 직원들이 밥을 사라는데 안 살 수가 없잖아요."

"어? 그건 예비비에서 쓰도록 안내해 드렸을 텐데요?"

"음, 그거 제가 주려고 했었는데 정균 씨가 알아서 하겠다고 해서…."

미나 씨가 머쓱한 표정으로 말했다.

"와이프가 계속 강박 환자처럼 숫자만 들여다보면서 돈, 돈 하면서 사니까 제가 달라고 하기 힘들더라고요. 그래서 할 수 없이 형님한테 빌린 거예요."

"그럼 한 번만 빌렸어야지! 다섯 달 동안이나 빌렸잖아."

"그게 참 신기한 게 한 번 빌리니까 생각지도 못한 일이 계속 생겨서 또 빌리게 되더라고요."

"맞아요. 돈이란 게 그래요. 여하튼 이럴 때마다 주저앉지 마시고 두 분이 잘 상의하셔서 헤쳐 나가시면 돼요. 그래도 두 분 지금 아주 잘하고 계신 거예요. 이 정도 지키는 거 절대로 쉽지 않아요. 정균 씨도 이 정도면 아주 잘 따라와 주시는 거예요. 그리고 미나 씨는 말할 것도 없죠. 결단력과 추진력이 아주 훌륭해요. 저도 짜 오신 거 보고 깜짝 놀랐다니까요."

나의 칭찬에 미나 씨 마음이 조금 부드러워진 것 같았다. 나는 그 틈을 노리지 않고 말했다.

"그리고 이런 상황이면 정균 씨 용돈을 10만 원만 더 올려주시면 좋을 것 같아요."

"예? 이미 다 짜 놨는데 어떻게 바꿔요?"

"이렇게 여러 달 빌렸다는 건 처음부터 재무시스템이 잘못 짜였을 수 있거든요."

"그럼 제가 너무 억울해요. 저도 지금 허리띠 완전 졸라매고 살고 있거든요."

"그러니까요. 그렇게 애써서 지금 지켜 가고 있는 시스템을 무너지게 할 수는 없잖아요. 그러니까 이럴 때는 서로 조정하면서 가야 해요. 한 사람이 강압적으로 끌고 가면 오래 가지 못해요. 자칫하면 숫자를 맞추려고 하다가 사람의 마음을 놓칠수 있어요. 제가 늘 강조하는 거지만 재무시스템도 중요하지만 그것보다 더 중요한 게 사람의 마음이에요. 두 분 사이가 나빠지면서 재무시스템만 성공하면 그게 무슨 소용이 있겠어요? 지금 이렇게 노력하시는 것도 두 분이 잘 사시려고 그러시는 거잖아요. 우리는 늘 가장 중요한 목적을 잊어버리면 안돼요. 저축 좀 줄어도 괜찮아요."

"네. 알겠어요. 고민해 볼게요."

"정말 옳으신 말씀이세요! 센터장님. 감사합니다!"

정균 씨가 갑자기 벌떡 일어나 꾸벅 인사까지 하며 말했다. 그 모습에 모두 웃음을 터뜨리고 말았다.

끌려오는 사람에게 초점을 맞추어야 오래 간다

장도윤 씨와 고은영 씨 부부는 반대의 경우다. 나와 상담을 받은 지 1년이 넘은 어느 날, 남편 장도윤 씨는 당당하고 자신감 넘치는 얼굴로 상담실을 들어섰다.

"센터장님. 저 드디어 해냈어요! 출산통장도 만들었어요."

장도윤 씨는 통장 두 개를 자랑스럽게 꺼내 놓으며 말했다.

1,600만 원이 든 적금통장과 850만 원이 든 출산통장이었다. 도윤 씨가 지난 1년 동안 월 200만 원씩 열심히 저축해서 얻은 통장이었다.

"와! 굉장하네요! 축하해요!"

"다 센터장님 덕분이에요. 하하"

"무슨 말씀을요. 두 분이 그 동안 열심히 노력한 결과죠."

"……."

그런데 은영 씨가 아무 말이 없다.

"은영 씨는 그 동안 어떠셨어요? 많이 힘드셨죠?"

"저는 한 게 없는 걸요. 오빠가 다 했어요."

은영 씨는 기운 없이 대답했다. 나는 두 사람의 재무자료를 보며 말했다.

"은영 씨 생활비를 많이 줄였는데 지내시는 데 괜찮아요?"

"네, 괜찮아요."

은영 씨의 표정은 여전히 어두웠다. 말과는 달리 괜찮지 않은 게 분명했다. 나는 은영 씨가 가장 힘들어할 것 같은 부분에 대해서 질문을 던져 보았다. "요즘 친정어머니하고는 자주 통화 하세요?"

그 순간 갑자기 은영 씨의 눈에 눈물이 글썽거렸다.

"아뇨…."

끝내 은영 씨는 울음을 터뜨리고 말았다.

"은영아. 너 왜 그래?"

옆에 앉아 있던 도윤 씨는 당황해서 어쩔 줄 몰라 했다. 나는 은영 씨의 눈물의 의미를 알 것 같았다. 은영 씨는 홀어머니가 계셨다. 그리고 결혼하기 전에 은영 씨는 어머니께 꼬박꼬박 150만 원씩 드렸다. 은영 씨의 월급이 320만 원으로 적지 않은 편이어서 어머니께 생활비 용도로 드린 것이다. 하지만 결혼 이후 어머니께 드리던 돈을 50만 원으로 줄였고, 재무시스템을 시작하면서 20만 원으로 더 줄이게 됐다. 결국 친정어머니는 생활비를 벌기 위해 식당 일을 시작하셨다. 그 모든 과정을 상담을 통해 알고 있었던 나는 은영 씨의 마음을 먼저 읽을 수 있었다. 거기에 반해 도윤 씨 부모님은 아버님이 아직도 사업을 하고 계셔서 경제적으로 넉넉한 상황이었다.

나는 도윤 씨와 은영 씨처럼 친정과 시댁의 경제 형편이 똑같지 않은 경우, 양가 부모님께 드리는 용돈을 n분의 1로 똑같이 드리지 않도록 권유한다. 왜냐하면 어떤 분께는 생존의 문제가 걸려있는 문제고, 다른 분께는 말 그대로 용돈이기 때문이다. 그럴 때는 생존의 문제가 걸려있는 부모님께는 충분히 드리고, 경제적으로 넉넉한 부모님께는 특별한 때에 드리도록 안내한다. 예를 들어 명절이나 여행 등으로 용도를 정해서 매달 10만 원씩 모아 1년 뒤 120만 원이 되면 여행을 보내 드린다든가 명절 때 넉넉하게 드리면 매달 10만 원씩 용돈을 드리는 것보다 기쁨이 배가 된다.

"은영 씨. 마음에 불편한 것이 있으면 같이 터놓고 이야기해 봐요. 혼자 담아 두고 있으면 다른 사람은 끝까지 몰라요. 그러니까 서로 대화로 소통을 해야 해요. 그동안 남편 따라서 재무시스템 만드느라 많이 힘들었죠?"
"네…."

그제야 은영 씨는 대답했다.

"충분히 이해해요. 그러실 수 있어요. 엄마한테 보내는 용돈을 깎아서 마음이 많이 아프셨죠?"

"네⋯."

"은영아. 너 그럼 그때 얘기하지."

"자기가 내가 예비비 5만 원 더 쓴 거 갖고도 뭐라 했잖아. 그런데 내가 어떻게 말해?"

"뭐어? 어떻게든 너 출산통장 만들어 주려고 내 용돈도 10만 원 줄여 가면서 애썼는데. 이제 와서 너 이러면 나 정말 힘 빠진다."

"나도 힘 빠져. 더운데 에어컨도 못 켜게 하고, 매일 전기 아껴라, 온수 아껴라 잔소리 듣는 거 힘들었어. 그리고 어떻게 우리 엄마도 20만 원, 자기 부모님께도 20만 원을 드려? 자기 부모님은 우리 엄마보다 훨씬 더 부자시잖아. 그런데 어떻게 똑같이 드리느냐고. 우리 엄마는 얼마나 힘들게 사시는데."

"그동안 많이 속상하셨겠네요. 은영 씨 마음 잘 알겠어요."

"⋯."

"도윤 씨. 은영 씨 속마음 잘 들으셨죠? 어때요?"

"전 은영이가 이런 생각 하고 있는 줄 몰랐어요."

"재무시스템보다 더 중요한 건 은영 씨 마음이에요. 도윤 씨 말대로 이렇게 노력하시는 건 은영 씨와 행복한 가정을 지켜가기 위해서잖아요."

"네. 맞아요."

"그런데 이런 일로 가정이 흔들린다면 이 재무시스템은 계속
할 의미가 없어요. 그러니까 지금은 은영 씨 마음부터 먼저
잘 살펴봐 주셔야 해요. 지금 은영 씨는 친정어머니 때문에
행복하지 못해요. 도윤 씨 생각에는 어떻게 하면 좋겠어요?"

"용돈을 올려 드리는 게 좋을 것 같아요."

"네. 저도 같은 생각이에요."

"장모님 용돈은 다시 50만 원으로 드리는 게 좋겠어요. 그리고
이번 적금 탄 거에서 그동안 못 드린 것을 메꾸는 의미에서
장모님께 100만 원 드리고 싶어요. 어차피 이 돈은 우리 둘이
같이 모은 거니까요."

"그래요. 좋은 생각이에요."

"오빠, 그러지 않아도 되는데…, 고마워…."

"내가 미처 거기까지 생각 못해서 미안. 이제 출산통장도 만들
었으니까 앞으로는 조금 여유가 생길 거야."

은영 씨가 조금은 머쓱한 표정으로 미소 지으며 도윤 씨를 바
라보았다. 나는 상담이 끝난 후 두 사람이 손을 잡고 나가는 모습
을 흐뭇하게 지켜보았다.

재무시스템이
무너지는 것에 놀라지 말라

재무시스템을 안내하다 보면 처음엔 의욕을 갖고 시작했다가 시간이 지나면서 시스템이 무너지거나, 혹은 그 과정이 너무 힘들어서 찾아오는 부부가 많다. 그 동안 익숙해진 소비습관을 바꾸고 새로운 재무 습관을 만드는 것은 근육질 몸매를 만들거나 다이어트를 하는 것보다 훨씬 더 힘겨운 자기와의 싸움이 요구된다. 이 때 요요현상처럼 시스템이 무너지는 것은 자연스러운 현상이다. 그런데 그렇게 무너졌을 때 주저앉으면 안 된다. 부부재무대화를 통해 재건하는 시간을 신속하게 가져야 한다. 일단 한 번 해 온 경험들이 있기에 재무시스템을 다시 만들 때는 예전보다 훨씬 더 빨리 수월하게 만들 수 있다.

일반적으로 부부가 함께 재무시스템을 만들 때, 한쪽이 적극적이면 다른 한쪽은 소극적으로 따라가는 경우가 많다. 주로 아내들이 재정을 맡아서 관리하는 경우가 많지만, 간혹 남편이 앞장서서 리드할 때도 있다. 형제들은 주로 성격이 차분하고 정확하며 집중력이 좋은 사람들이 맡는다. 1년 후 리뷰 상담 때 보면 두 사람의 표정이 차이가 나곤 한다. 한 사람은 해냈다는 성취감에기 기쁨을 감추지 못하는데, 다른 한쪽은 기운이 없다. 이때가 중요한 순간이다. 자칫 재무시스템을 성공시키고 싶은 욕심에 숫자와 구성비만 맞추다가 더 중요한 배우자의 마음을 놓칠 수 있기 때문이다. 시스템을 만들 때 돈에 대한 감정을 놓쳐서는 안 된다. 시스템보다 사람이 먼저이기 때문이다. 그러므로 목표에 도달하기 전에 먼저 서로가 다칠 수 있는 감정, 상처 같은 것들을 좀 더 섬세하게 살펴보고 다독여 줄 필요가 있다. 그래야 끝까지 재무시스템 안에서 함께 웃으며 갈 수 있다.

그리고 꼭 해 주고 싶은 말은 재무시스템을 이끌어 가는 사람이 권력자가 아니라는 말이다. 일방적으로 지출 규모를 정하고 상대방에게 강요하면 안 된다. 100만 원을 지출하다가 50만 원으로 줄이면 치러야할 대가가 있다. 줄인 돈만큼 삶이 달라진다. 그 동안 함께 어울리던 사람들을 못 만날 수도 있고, 즐겨 가던 식당에 못 갈 수도 있다. 즐겁게 참여했던 모임에서 탈퇴해야 할 수도 있고 취미생활을 포기해야 할 수도 있다. 이런 것들이 모두 우리의 감정과 연결돼 있기 때문에 매우 섬세하고 조심스럽게 다뤄야 한다. 소비를 줄이면 자연히 경제적으로 쪼들리게 되고 그만큼 마음의 여유가 없어 강퍅해질 수도 있다. 이럴 때 앞에서 목표를 정해놓고 달려가는 사람은 특히 스스로를 돌아보며 늘 조심해야 한다. 앞선 사람은 점점 모이는 돈을 보면서 성취감을 느낄 수 있지만, 소극적으로 좇아가는 사람의 입장에서는 상대적으로 피해의식이 클 수밖에 없다. '남들은 다 편하게 사는데 왜 나만 이렇게 아등바등 살아야 하나?' 라는 생각이 들면서 점점 의욕도 없어지고 마음이 피폐해질 수도 있다. 그러다 보면 작은 갈등이 생기고 그러다 자칫 큰 부부싸움으로 번질 수도 있다.

"나는 이렇게 노력하는데 왜 넌 그 모양이야?"

"넌 내가 힘들어하는 게 안 보여?"

이런 식으로 서로의 입장만 주장할 수 있는 것이다.

그러므로 재무시스템을 제대로 지켜 가기 위해서는 부부의 마음이 하나 되는 것이 먼저다. 그래야 성공했을 때 그 결과물이 빛이 난다. 재무시스템은 성공했는데 배우자의 마음을 잃으면 그게 무슨 소용인가? 서로의 마음이 깨어지지 않도록 조심스럽게 다뤄야 한다. 그러기 위해서 꾸준한 재무대화는 꼭 필요하다.

〈나의 재무시스템 만들어 보기〉

 정기 지출

※ 실행전략 - 정기지출을 파악하고 조정할 수 있는 금액을 적어봅니다.

(단위 : 원)

구분	지출사항	기존지출	조정지출	구분	지출사항	기존지출	조정지출
주거생활비	월세			육아비	분유 · 이유식		
	관리비 (전기,가스,수도)				기저귀		
	정수기, 비데				육아용품		
	생활용품 구입				육아 도우미		
	소계				소계		
식비	주식 · 부식비			(사)교육비	유치원		
	기호품 · 간식				학원비		
	과일				소계		
	소계			용돈	부모 용돈		
외식비	가족외식비				남편 용돈		
	소계				아내 용돈		
교통비	차량 유류비				소개		
	남편 대중 교통비			교제비	접대 · 유흥비		
	아내 대중 교통비						
	기타( )				소계		
	소계			종교 헌금 기부금	헌금 · 십일조		
통신비	남편 핸드폰				기부		
	아내 핸드폰				소계		
	인터넷 사용료			공공보험 지역 가입자	국민연금		
	케이블 사용료				건강보험료		
	소계				소계		
의료비	건강식품			금융비용	자동차 할부		
	병원비				신용카드 할부		
	소계				소계		
문화생활비	운동			보장성보험료	생명보험		
	신문 · 도서비				손해보험		
	공연관람료				소계		
	소계			매월 정기 지출 총액			

▶ 신용카드 사용 현황

사용자	카드명	사용용도 · 평균결제액 · 현금서비스잔액
본인	삼성카드	자동이체 및 현금결제 제외 비용 · 00만 원 · 없음

비정기 지출

※ 비정기적으로 지출되는 연간 지출 합계를 기재하여 주세요.　　　　　　　　(단위 : 원)

구분	지출사항	지출	비고	구분	지출사항	지출	비고
교통비 (자동차)	자동차 수리비			세금	재산세(7월)		
	자동차 세금 (1월, 6월)		스쿠터 포함		토지세(9월)		
	자동차 보험료		스쿠터 포함		종합부동산세 (9월)		
	기타(　　)				주민세		
					소계		
	소계			취미·여행	가족여행		
공교육비	등록금				휴가		
	수학여행·소풍				주말농장		
	교재·기자재				레저(등산,스키)		
	기타(　　)				기타(　　)		
					소계		
	소계			경조사 (본인, 친구)	설(1월)*		
생활용품	수선·수리비				어린이날 (5월)		
	가구·가전				어버이날(5월)		
	생활용품				추석(9월)		
	소계				김장(11월)		
기타 피복비 (옷, 미용, 가방)	부부 옷				부모님 생신		
	화장품				본인 및 자녀생일		
	기타				기타(　　)		
					소계		
	소계			비정기 지출 합계			

*교통, 선물, 세뱃돈

 재무상태 분석(Financial Position Analysis)

자산		부채 및 순자산	
주거용 부동산(전세 혹은 내집)		전세자금·내 집 마련 대출	
청약저축·예금		자동차 할부금	
단기 적금·예금		학자금 대출	
금융 투자(펀드·주식)		마이너스 대출	
저축성 연금(연금)		기타 대출	
유동성 현금 자산			
총 자산		총 부채	
		순자산(NET)	

신혼 5년간
필요한 비용 준비하기

2부

미리 가 보는 신혼 5년

신혼 5년
꼭 필요한
비용은?

신혼 5년 부부의 삶에서 일어나는 일들

많은 신혼부부가 주위 어른들로부터 아기가 태어나기 전에 열심히 여행하고 즐기라는 말을 듣는다. 하지만 재무상담가인 나는 그 말에 동의할 수 없다. 아기가 태어나기 전이야말로 신혼부부가 인생 전체의 마중물 자금을 준비할 수 있는 절호의 기회이기 때문이다. 아기가 태어나는 순간 외벌이와 맞벌이의 갈등이 시작되고 맞벌이를 하더라도 아기 돌보미 비용 등 수없이 많은 돈이 줄줄 새어 나가기 시작한다. 사실상 그 이후에는 저축을 얼마나 더 많이 할 것인가 보다는 어떻게 지출을 더 줄일 수 있는가를 고민해야 하는 시점이다.

신혼여행을 다녀와서 처음 상담 온 신혼부부에게 앞으로 5년

계획을 그려 보라고 하면 자신들의 계획을 마음껏 그려 낸다. 그런데 흥미로운 것은 아기를 낳은 후 5년 계획을 그려 보라고 하면 그림이 판이해지거나 제대로 그리지 못한다는 것이다. 막연한 5년 계획과 신혼 5년 안에 일어날 일들을 구체적으로 염두에 둔 계획이 그만큼 다르다는 방증일 것이다.

이 책에서는 결혼 이후 5년을 타임머신을 타고 미리 가 보려고 한다. 신혼 5년간 부부의 삶에서 일어나는 일들은 무엇이고 이것이 가정 경제에 미치는 영향은 무엇일까?

첫째, 자녀 출산이 있다. 요즘 자녀 출산을 꺼리는 분위기가 있기는 하지만, 자녀 출산을 포기하지 않는 이상 몇 년 내로 아이가 생기는 것은 자연스러운 수순이다. 아이가 생기면 아내는 육아휴직을 하거나, 아니면 계속 맞벌이를 할 경우 부모님이나 아이 돌보미에게 맡기게 되는데, 이때 가정 경제에 커다란 변화가 온다. 1년간 육아휴직을 하게 되면 회사와 정부의 지원금이 나오긴 하지만 몇 달간의 비용이라 외벌이가 되는 셈이고, 다른 사람에게 맡긴다면 아이를 돌보는 비용이 지출된다.

둘째, 신혼집을 얻은 지 2년 뒤에는 전세 만기가 돌아온다. 이미 집을 장만한 경우가 아니라면 전세 만기에 대략 전세보증금의 10% 정도를 상승분으로 준비해야 한다. 예를 들어 전세보증금이

2억 원이라면 2,000만 원을 올려주어야 한다. 아기 출산과 전세 만기가 동시에 돌아오는 경우, 준비가 안 된 신혼부부들은 패닉에 빠지고, 계속 돈은 버는데 왜 이렇게 돈이 없는지 모르겠다며 쩔쩔맨다. 이때부터 일명 '돈 고생'이 시작된다.

신혼 4년 차엔 두 번째 전세 만기가 돌아오고 또 가정마다 조금은 다르겠지만 둘째를 낳을 것인지 말 것인지에 대해 고민하게 된다. 둘째를 가지기로 한 경우에는 휴직이냐 퇴직이냐의 선택의 기로에 놓이면서 소득이 크게 줄어드는 상황이 될 수도 있다. 또한 신혼 5년 차에는 세 번째 전세 만기가 1년 앞으로 다가오면서 계속 전세로 있을 것인지 청약을 넣을 것인지도 생각하게 된다. 하나같이 결정이 쉽지 않은, 신혼 5년 안에 일어나는 일들이다.

그동안 결혼 예비자들과 신혼부부를 상담하며 준비되어 있지 않은 채로 그때그때 상황에 대처하다가 재정적으로뿐만 아니라 정서적으로도 힘이 들어 삶이 팍팍해진 부부들을 많이 보았다. 이들을 보며 미리 준비하면 그만큼 덜 힘들고 부부관계도 좋을 수 있을 텐데 싶은 마음에 많이 안타까웠다. 그래서 이 책에서는 그 안타까운 마음을 담아 신혼 5년 동안 일어나는 변화에 대비하기 위해 어떻게 준비해야 할지를 정리해 보았다. 신혼부부가 이 책과 함께 5년간 일어날 삶에 대한 변화를 인지하고, 계획을 세워 출발한다면 신혼 재정뿐만 아니라 삶의 질까지 훨씬 더 높아질 것이다.

☕출산 비용이
   필요하다

'앗! 두 줄이다!'부터 사용하는 출산통장

출산통장은 신혼부부가 가장 먼저 만들어야 하는 적금통장이다. 재무시스템을 만들고 잉여자금이 생겨 저축을 시작하게 됐을 때 1순위로 만들어야 하는 적금통장이다. 특별히 가족계획을 하지 않는다면(한다고 해도) 언제든 임신이 될 수 있기 때문이다. 출산통장은 출산에만 대비하는 통장이 아니라, 임신 사실을 아는 순간부터 들어가는 모든 비용에 사용하는 통장이다.

"이 옷 어때? 너무 귀엽지!"

임신 5개월째인 소연 씨가 아기 옷을 손에 들고 수진 씨를 보며 말했다. 소연 씨는 비슷한 시기에 임신한 친구와 아기용품점에서 필요한 물건을 사고 있었다.

"예쁘긴 한데…, 5만 원? 아기 옷이 진짜 너무 비싸다! 요 조그만 게 천이 들어가면 얼마나 들어간다고! 정말 임신하고 나서 이래저래 돈이 많이 들어가. 정기검진이다 초음파다 뭐다 해서 병원비도 장난 아니게 드는 거야. 거기다 아기용품에 산후조리원 비용까지 생각하면 어휴 기운 빠져."

"난 걱정 안 해."

"오! 신랑이 요즘 돈 잘 벌어 오는 모양이지?"

"신랑 월급이야 똑같지. 그런 게 아니고 난 이미 준비된 돈이 있거든."

"준비된 돈? 그게 무슨 소리야?"

"이거야."

소연 씨는 국민행복카드*를 꺼내 보였다.

"그거였어? 치, 난 또 뭐라고. 그건 나도 있거든. 대한민국 산모는 누구나 다 있는 거잖아."

"그런데 난 좀 특별해. 여기에 1,000만 원이 들어 있거든."

"뭐라고? 대박! 어떻게? 어디서 그런 로또를 얻은 거야? 나한테도 빨리 알려 줘. 응?"

수진 씨는 엄청난 비밀을 발견한 듯 소연 씨를 닦달했다.

---

* 2015년 5월 이전에는 고운맘카드

"난 임신하기 전에 적금을 들어서 출산통장을 만들었어. 그래서 임신 때부터 출산 후 산후조리까지 이 통장에서 전부 다 쓰는 거야. 그 돈을 이 카드에 넣은 거고."

"출산통장? 결혼 전에는 신용카드 긋는 낙으로 살던 애가 적금통장을 만들었다고? 그것도 미리? 신랑이 널 엄청 달달 볶는 모양이구나!"

"아니야. 신랑이 그런 게 아니라 재무상담하면서 준비하게 된 거야. 우리도 그전엔 몰랐어. 그런데 이거 만들어 놓고 나니까 진짜 좋아. 너무 든든해."

"그렇게 좋은 게 있었으면 미리 공유를 했어야지. 진짜 서운하다 너!"

"너도 지금이라도 늦지 않았어."

일반적으로 출산비용은 800만~1,000만 원 정도를 준비하면 된다. 병원 정기 검진비, 출산 시 병원 비용, 산후조리원 비용, 출산용품 준비, 유모차 구입 등의 모든 비용이 포함된 금액이다. 물론 고급 산후조리원에 들어가거나 몇 백만 원짜리 명품 유모차를 산다면 턱없이 부족한 금액이다. 하지만 나와 상담한 부부들은 대부분 이 금액 안에서 모든 비용을 해결한다. 이미 재무시스템을 통해서 절제된 삶을 살아가고 있기 때문이다.

나를 찾아온 수진 씨는 친구가 출산통장을 사용하는 것을 보면서 몹시 부러웠다고 했다. 그 친구가 그럴 친구가 아니었는데 준비된 돈으로 출산을 준비하는 모습이 너무 멋지기까지 했다며 본인도 그렇게 하고 싶다고 했다. 수진 씨는 둘째 아기를 계획하면서 출산통장을 만들었고, 준비된 출산을 하는 기쁨을 만끽했다. 그 과정에서 재무시스템을 갖추어 나갔음은 물론이다. 나는 수진 씨가 환하게 웃으며 했던 말이 잊히지 않는다.

"사실 돈 1,000만 원은 많다면 많고 적다면 적은 돈인데, 아기를 위해 1,000만 원을 준비해서 준비된 출산을 한다는 게 준비된 부모가 된 것 같아 뿌듯하고 좋았어요. 1억 원보다 더 큰 가치가 있는 것 같아요."

출산통장을 만들어 두면 좋은 점

출산통장이 있으면 임신 기간과 출산에 필요한 비용에 대해서 걱정하지 않고 쓸 수 있다는 장점 외에 또 다른 유익이 있다. 통장에 준비된 금액 안에서 출산비용을 마무리하려고 하기 때문에 쓸데없는 낭비를 줄일 수 있다는 것이다. 즉 재무시스템에서 예산을 정해 놓고 쓰듯이 준비된 출산통장에서 쓰게 되면 절약하며 지출하게 된다.

나는 상담을 한 신혼부부에게 출산 비용으로 얼마를 쓸 것인지 미리 계획을 세워 보도록 하는데, 대부분의 부부가 출산에 필

요한 것이 무엇인지, 각각의 항목에 얼마를 쓸 것인지 꼼꼼히 알아보고 계획을 세워 온다. 이렇게 계획을 세워 여유 있게 준비하면 가격대비 성능이 좋은 아기용품을 찾을 수 있고 지인들을 통해서 좋은 정보를 얻을 수도 있다. 하지만 출산에 임박해서 구입하다 보면 정보를 수집할 시간이 부족하여 자연히 비싼 물건을 사게 된다.

그 외에도 출산통장의 좋은 점은 임신과 출산까지 얼마를 썼는지 총비용을 쉽게 알 수 있다는 점이다. 출산통장이 없는 사람들은 보통 생활비에서 출산비용을 지출하게 되는데, 아무리 꼼꼼하게 가계부를 쓴다고 해도 지출명세 중에서 출산비용만을 찾아내기는 쉽지 않다. 생활비와 출산비용이 섞여 생활비로 얼마를 썼는지, 출산비용으로 얼마를 썼는지 알 수 없게 되면서 지출이 통제 되지 않는다.

때로는 출산적금 만기가 지나도 임신이 되지 않는 경우가 있을 수 있다. 이때는 돈을 다른 용도로 쓰지 말고 출산통장이라는 이름을 붙여서 묶어 놓는다. 그리고 출산통장이 만들어진 다음 달부터 출산통장에 들어가던 돈은 전세금이나 다른 용도의 적금에 넣도록 한다. 그렇게 하지 않으면 출산통장의 돈은 어디론가 사라지고 정기적으로 납입하던 저축액은 줄어든다.

출산통장 만들기

　나는 상담하러 온 부부들에게 수진 씨 이야기를 자주 해 주곤 하는데 결혼한 지 6개월 된 신혼부부인 김현우 씨와 정윤경 씨 또한 본인들도 당장 출산 통장을 만들고 싶어 했다.

　"두 분은 언제쯤 아이를 가질 생각이세요?"
　"우리는 한 2년 뒤쯤 임신을 하면 좋겠다고 생각하고 있어요."
　"지금이 2018년 8월이니까 2년 후면 2020년 8월쯤 임신을 생
　　각하고 있는 거네요. 계획대로 된다면 출산 월이 대략 2021년
　　5월이 되겠군요. 2년 동안이니 40만 원씩 적금을 넣으면 되겠
　　어요. 그럼 960만 원 원금에 이자 20만 원 정도가 붙어서 980
　　만 원이 담긴 출산통장을 갖게 되는 거죠."
　"와, 그럼 저도 아까 말씀해 주신 분처럼 천만 원 가까이 되는
　　돈을 넣고 출산을 준비하는 거네요. 생각만 해도 든든해요."

　윤경 씨는 임신 예정을 2년 뒤로 잡아서 40만 원씩 저축했지만, 혹시라도 1년 뒤 임신 예정이라면 매달 70만 원씩 적금을 부어 850만 원 정도를 출산통장에 준비해 두면 된다. 윤경 씨 부부처럼 1,000여만 원의 돈을 넣고 출발하려면 80만 원씩 해도 되는데 저축기간이 1년이 줄어들기 때문에 전체적인 예산에 무리가 가지 않도록 70만 원으로 권유했다.

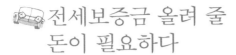전세보증금 올려 줄
돈이 필요하다

출산통장 다음으로 준비해야 하는 것이 2년 후에 오를 전세보증금이다. 주거의 안정성은 생활안정에 커다란 영향을 끼치므로 전세보증금 상승분 마련은 중요한 과제다. 보증금 마련은 예산 안에서 할 수 있는 한 많은 금액을 1년 단위 적금에 드는 것이 가장 좋다. 전세상승분은 전세금의 10%정도 되므로 자신의 전세금에 맞추어 월 적금 불입액을 정한다. 2억 원의 전세라면 2,000만 원을 올려 주어야 하므로 월 100만 원 이상을 적금해야 한다.

신혼부부 때는 적금을 꼭 1년 단위로 들어야 하는데, 그만큼 유동자금 확보가 중요하기도 하고 우리나라 금리가 계속 오르는 추세 때문이기도 하다. 또 하나 별 거 아닌 것 같지만 중요한 팁이 있다. 첫 해에는 1년 만기 적금에 들지만 두 번째 해에는 9개월짜리 적금에 가입해야 한다는 것. 두 번째 해에도 1년 만기 적금을 들면 전세금 만기와 아슬아슬하게 어긋나 중도에 해지해야 할 수도 있다. 또한 1년 만기가 돌아와 찾아 놓은 적금도 1년이 아닌 9월 만기 정기예금에 넣어 둔다. 그래야 전세 만기에 맞추어 바로 찾아 쓸 수 있다.

신혼부부들이 재무시스템을 갖추고 출산과 전세보증금 마련을 위한 저축을 해서 2년 정도 지나면 목돈을 손에 쥐게 된다. 부부의 소득과 저축액에 따라 달라지지만 작게는 2,000만 원에서 많게는 6,000만 원까지의 목돈이 준비된다. 재무시스템을 갖추지 않아도 맞벌이 신혼부부는 적금 하나 정도 들어 두는 경우가 많아 목돈을 마련하게 된다, 이때 필요한 것이 재정전략이다.

목돈이 생기면 보통 전세 만기가 곧 돌아오는데도 은행권의 전세 대출금부터 갚으려고 한다. 가정에서 가장 큰 금액의 빚이고 매달 이자가 나가니 당장 대출을 상환하고 싶은 마음은 충분히 이해하지만, 나는 그러지 말고 이 돈을 전세 보증금 상승분에 먼저 쓰라고 한다. 그렇지 않으면 전세금 상승분을 충당하기 위해 전세 대출보다 더 비싼 이자로 대출을 내야 할 수도 있기 때문이다.

현우 씨와 윤경 씨 가정은 부부 합산 월 총수입이 550만 원이고 2억 원의 전셋집에 대출이 8,000만 원이 있다. 8,000만 원이면

보통 이자가 3% 대이지만 이 집과 같은 정도의 소득이면 버팀목 대출이 가능하다. 그러면 한 달에 2.5%인 17만 원이 이자다. 두 사람이 감당할 수 있는 정도의 금액이다. 물론 신혼부부 전세자금 대출은 2년 뒤부터 대출금의 10%를 갚아야 하므로 8,000만 원의 10%인 800만 원을 2년 뒤에 갚아야 한다.*

그러나 대출금리가 2.5%에서 2.6%로 0.1% 더 오른다고 해도 금액을 따져 보면 8만 원이고 이를 열두 달로 나누면 매월 6,700원씩 더 내면 되니 대출 연장 시 상승되는 대출이자에 대해 너무 걱정하지 않아도 된다.

(거의 없는 일이겠지만)전세금이 오르지 않는다 해도 아내의 출산과 휴직 등으로 돈이 필요하다. 출산 이후 맞벌이를 계속 유지할 것인지 아니면 외벌이로 갈 것인지를 정한 후에 목돈의 용도를 정해도 늦지 않다. 그 이후에도 예비비로 쓰든지 아니면 대출금 중 일부만을 갚든지 해도 된다. 더 자세한 내용은 내 집 마련 부분에서 설명하기로 한다.

---

* 10% 상환이 어려울 때는 갚지 않고 대출연장을 할 수도 있는데 이때 가산금리가 0.1% 붙는다.

육아휴직 기간, 외벌이에 대비한 돈이 필요하다

상담을 하다 보면 어떤 부부는 부부 월 소득 700만 원일 때 계획 없이 돈을 펑펑 쓰다가 뒤늦게 외벌이가 되고 나서 후회하면서 찾아오는 경우가 있다. 그런가 하면 열심히 모은 적금을 다 털어서 대출을 갚고 나서 출산 후 수입이 반으로 줄게 되면 뒤늦게 마이너스 통장을 쓰면서 고통을 겪는 부부도 있다. 나와 함께 재무시스템을 만드는 부부들은 재무시스템 안에서 외벌이에 대비한 돈이 잘 준비된다.

외벌이에 대비한 돈을 준비하는 이유는 두 번째 전세 만기가 돌아오기 때문이다. 2억 원의 전셋집이 첫 번째 만기 시에 보증금이 2000만 원 올랐다면 전셋값은 2억2,000만 원이 된다. 두 번째

만기 시엔 10%인 2,200만 원 정도는 준비해 두어야 한다. 첫 번째 만기에는 두 사람이 모았지만 두 번째 만기에는 아내의 출산 휴직이라는 변수가 있을 수 있어 미리 이에 대한 돈을 준비해 두어야 한다는 것이다.

또한 실직 대비 예비비가 필요하다. 이때의 예비비는 1부 재무 시스템에서 얘기한 예산 초과 때 쓰는 예비비와는 약간 다른 의미이다. 이 예비비는 소득이 없을 때를 대비하는 돈이다. 즉 외벌이인 가장이 갑자기 실직하는 등 예기치 못한 상황에 대비하는 돈으로 소득의 6개월 치를 준비하는 것이 보통이다. 월 소득 350만 원인 남편의 6개월 치 소득인 1,500만~2,000만 원 정도가 예비비가된다.

현우 씨와 윤경 씨 가정이 지금은 맞벌이지만 출산 후 외벌이로 돌아선다. 이 때 지금으로선 그럴 일은 없어 보이지만 현우 씨가 갑자기 실직한다면 아무런 대책이 없게 된다. 설령 실직하지 않더라도 살아가다 보면 재무시스템의 예비비(연간 부부 월 합산 소득인 550만 원)로는 감당할 수 없는 일들이 생겨 어려움을 겪게 되기도 한다. 부모님이나 아이가 큰 병으로 병원에 가거나 뜻밖에 교통사고 합의금이 많이 필요하다든지 또는 현우 씨가 갑자기 병으로 휴직을 하게 되는 등 일어나지 않기를 바라는 일들이 발생할수도 있기 때문이다.

그러니 재무시스템을 짜서 할 수 있는 만큼 돈을 모으되, 돈이 모일 때마다 전세 대출을 갚지 말고 이러한 일에 대비해 두어야 한다. 그렇지 않으면 반복해서 말하지만 이자 2.3%의 가장 싼 전세자금 대출을 갚고 5~7%의 높은 이자의 대출을 다시 내서 급한 일에 써야 하는 상황이 될 수도 있다. 신혼부부들이 이러한 우를 범하는 것은 5년 안에 어떤 상황이 벌어질지 예측하지 못하기 때문이다.

⏰ 육아비용이
필요하다

출산 후에는 맞벌이를 하든 외벌이를 하든 돈을 모으기 힘든 상황은 마찬가지다. 외벌이일 경우에는 아내의 수입이 없어지니 당연한 얘기고 맞벌이라고 해도 상황은 그리 다르지 않다. 우선 베이비시터 비용이 들어간다. 친정어머니나 시어머니가 아기를 돌볼 때도 어김없이 대부분의 가정에서 드리는 시장가(?)가 있다. 일반적으로 80만~100만 원 선이다. 그 이하로 드리면 사위가 핀잔을 듣기 쉽다.

그리고 맞벌이를 하게 되면 외식비용이 많이 든다. 남편은 "요리해서 먹으면 되지!" 하겠지만 이는 아내의 상황을 제대로 모르고 하는 소리다. 실제로 아내는 (집에서는) 아기를 돌보랴, (바깥에서는) 직장 생활 하랴, 요리할 시간이 없다. 그래서 냉장고에는 점점 패스트푸드가 쌓여 가고 간단하게 요리할 수 있는 조리기구도 늘어간다. 아기가 자라서 어린이집에 가거나 유치원에 가도 아이를 돌보아 줄 사람은 여전히 필요하다. 집에서도 직장에서도 만족스러운 상황이 되지 않고 돈도 모이지 않는다. 그래서 결국 아내는 지치고 탈진해서 휴직을 선택하게 된다. 이렇든 저렇든 자녀의 출산 이후엔 돈을 모으기가 힘든 구조 속에 살게 된다.

보통 아기가 생긴다고 해도 아내가 육아휴직을 하는 1년 동안만 생각하고 다시 복직해서도 꾸준히 비용이 지출되는 것에 대해서는 계산하지 못한다. 최소한 80만 원이 보육비로 지출되고 그 이외에도 기저귀, 우윳 값, 옷값, 백일잔치, 돌잔치 등의 비용이 든다.

그러므로 처음부터 너무 비싼 전셋집을 구해 대출금이 많으면 이때부터 부담이 가중돼서 점점 경제적으로 쪼들리는 삶을 살게 되기 쉽다. 이러한 상황을 감안해서 신혼집도 구하고 신혼 초 생활방식도 정해야 한다. 두 사람이 번다고 여유 있게 생각하고 외식에, 여행에, 모임과 만남에 돈을 쓰다 보면 곧 고통스러운 상황에 처하게 된다.

그렇다고 답이 없는 것은 아니다. 외벌이가 됐을 때를 가정해서 생각해 보면 일단 지출명세에서 십일조가 줄어들고 직장 생활할 때 쓰던 아내의 교통비와 용돈이 줄어든다. 그래서 재무시스템에 익숙해진 사람들은 외벌이로 전환하면 이전에 300만 원을 지

출했다면 250만 원으로 지출규모를 줄이는 것이 가능하다.

또 그동안 남편의 급여가 꾸준히 오르고 복직 후 아내의 급여도 올라서 30만 원 정도는 만회할 수 있다. 그렇게 되면 출산 전만큼은 아니어도 그 때의 70~80% 정도는 저축액으로 책정할 수 있다. 돈의 규모를 한눈에 보고 있기 때문이다. 만약 재무시스템이 없다면 어디에 얼마를 쓰는지 알 수 없기 때문에 어디서 줄여야 할지 찾기 힘들 것이다. 돈을 줄이는 것은 뭐 하나 안 사고 안 먹는 걸로 해결되지 않는다. 먹을 거 안 먹고 줄여도 돌아서면 돈이 없는 것이 현실이다. 그래서 시스템이 필요하다.

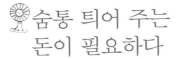
숨통 틔어 주는
돈이 필요하다

이벤트 통장(목적통장)은 재무시스템 안에서 살아갈 때 숨통을 틔어 주는 역할을 한다. 아내가 출산 이후 외벌이로 전환하게 되면 수입은 절반으로 줄지만 자동차 구입이나 부모님 칠순 잔치, 가족 여행 등 지출해야 할 것들이 달라지지는 않는다. 이때를 대비하는 것이 이벤트 통장이다. 월 10만 원부터 40만 원까지 각자의 여력과 용도에 따라 금액은 달라지겠지만 이 돈이 준비되지 않으면 여유가 없어 삶이 무척 고단하고 낙(樂)도 없게 된다.

이벤트 통장은 그동안 1년 만기 적금으로 돈을 모았던 것과는 달리 펀드 투자로 운영하면 좋다. 펀드의 특징은 돈이 필요할 때 일부를 환매해서 찾을 수 있다는 점이다. 해지를 하는 것이 아니

라 부분환매를 하는 것이어서 펀드에 돈이 남아 있다면 남은 금액은 계속 재투자가 된다, 상황에 맞춰서 납부금액을 더 올릴 수도 있다. 이벤트 통장이 중요한 이유는 외벌이가 돼도 이 돈으로 여행도 가고 부부가 재무대화를 하면서 각종 이벤트를 할 수 있는 여유가 생기기 때문이다.

5년 전(2013년)에 상담했던 김은선 씨는 이벤트 자금 용도로 매월 10만 원씩 채권 상품에 적립식으로 투자했다. 2년 후 시아버지 칠순에 온가족이 여행을 가기 위한 비용이었다. 매월 10만 원씩 채권에 투자한 결과 2년 후 원금 240만 원에 수익이 더해져 255만 원이 되었고, 은선 씨는 이 중에서 필요한 200만 원을 부분환매해서 사용했다. 그 후에도 매월 10만 원씩 계속 투자했다. 투자 4년 차에 은선 씨는 다시 200만 원을 부분환매해서 남편과 함께 베트남 여행을 다녀올 수 있었다. 물론 은선 씨는 앞으로 가족 여행이나 집안 대소사에 필요한 자금을 계속 이 채권펀드통장에 모으고 부분환매해서 사용할 것이다. 이렇게 사용하면 정기적금보다 훨씬 많은 이자를 받을 수 있기 때문이다. 나는 이벤트 자금으로 월 40만 원씩 펀드 상품에 투자하도록 권하지만 금액은 각 가정의 형편에 맞게 정하면 된다.

한 가지 염두에 둘 것은 펀드의 목적을 두고 부부 사이에 갈등이 생길 수 있다는 점이다. 예를 들어 아내는 노후 준비를 위해 연금에 돈을 넣기를 원하는데 남편은 자동차를 사고 싶어 하는 경우처럼 말이다. 실제로 고객 부부 중에 어떤 남편은 저렴한 중고차를 타면서 매달 40만 원씩 펀드 상품에 투자를 했다. 중고차를 타고 다니면서도 준비한 돈으로 조만간 새 차를 산다는 마음에 남편은 힘들어 하지 않았다. 할부로 차를 구입하지 않기 위해 돈을 모은 것이다. 그리고 5년 후 목돈이 만들어졌을 때 공교롭게도 아내가 육아를 위해 직장을 그만 둔 상태였다. 아내는 다른 용도로 그 돈을 사용하기를 원했지만, 남편은 끝까지 자동차를 포기하지 않았다. 계속 자동차를 못 사게 하면 남편은 고의로 자동차 파손 사고를 내서라도 목표를 관철시킬 기세였다. 이벤트 자금의 사용은 부부가 함께 의논해서 우선순위를 정해 가며 풀어가야 한다.

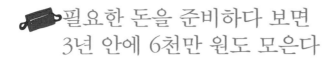

필요한 돈을 준비하다 보면
3년 안에 6천만 원도 모은다

지금까지 이야기한 것들을 신혼 5년간 잘 준비한다면 과연 어떤 삶을 살게 될까? 재무시스템을 잘 유지하며 살 수 있을지, 또한 그렇게 하면 신혼뿐만 아니라 결혼생활을 위한 대비가 제대로 될지 궁금할 것이다. 현우 씨와 윤경 씨의 사례를 통해 이를 살펴보기로 하자.

대기업 회사원인 현우 씨의 월수입은 350만 원, 중소기업에서 일하는 윤경 씨의 월수입은 200만 원이다. 두 사람의 월 총수입 550만 원 중에서 총지출은 300만 원, 저축여력은 250만 원이다. 일반적인 재무 상담에서는 수입을 어떻게 쪼개서 돈을 모을 것인지에 관해 주로 상담해 준다. 하지만 나는 앞서 설명했듯이 신혼부부가 앞으로 당면하게 될 삶의 사건들을 먼저 알려 주면서 하나씩 풀어 가는 방법을 좋아한다.

돈의 액수가 아닌 삶의 변화에 맞춘 저축 계획

"현재 두 분이 저축할 수 있는 있는 잉여자금은 250만 원이네요."

1차 상담 후 2차 상담에 오기 전 두 사람은 재무기초자료를 보내 주었고 나는 이 가정의 재무 상태를 파악한 뒤 미래에 대한 그림을 가지고 대화를 시작했다.

"네 이 돈으로 최대한 돈도 모으고 하고 싶은 것도 다 할 수 있으면 좋겠어요."

"할 수 있어요. 먼저 이 도표부터 보시죠."

나는 미리 만들어 둔 도표를 두 사람 앞에 내밀며 설명을 했다.

앞에서 이야기한 재무시스템대로 나는 이들 부부의 250만 원 중에서 가장 먼저 출산통장에 40만 원을 넣고 다음으로 내 집 마련에 꼭 필요한 청약저축에 10만 원을 넣도록 했다. 다음은 투자 공부 겸 이벤트비용 마련을 위한 채권 투자에 5만 원, 펀드 공부를 위해서 주식형펀드에 5만 원을 넣고 노후 준비를 위해 개인연

금에 20만 원을 넣도록 했다. 이렇게 80만 원으로 출산통장, 청약 저축, 이벤트 비용과 노후 자금이 준비된다. 이러면 170만 원이 남는다. 여기서 남편의 소원인 자동차를 바꿀 때 필요한 자동차 통장에 30만 원을 넣고 남은 140만 원은 전세자금 마련을 위한 1년 만기 적금에 넣기로 했다.

이런 내용을 도표로 그려 설명을 하자, 부부는 약간 어려워했다.

"꽤 복잡하군요."

"그렇게 보이지만 직접 해 보면 훨씬 단순해요. 어차피 시작만 해 놓으면 계속 자동이체로 빠져나가는 거니까요."

전세보증금 상승분 모으기

"자 이제 전세금 상승분을 준비해 보죠. 두 분 전세 만기가 언제인가요?

"올해 5월에 계약했으니까 2020년 5월이 만기예요. 결혼하기 3달 전에 구했거든요."

"네. 전세금이 10% 정도 오르니까 2,000만 원 정도가 되겠네요. 다행히 두 분이 2년 동안 적금으로 모을 수 있는 돈은 2,100만 원 정도라 잘 준비가 될 것 같아요."

"매달 100만 원씩 2년 동안 모으면 2,400만 원이 아닌가요?"

"네. 맞아요. 그런데 2년짜리 정기적금을 넣게 되면 전세 만기
와 아슬아슬하게 어긋날 수 있어요."

"아 참, 그렇네요!"

"지금이 2018년 8월이니까 지금부터 전세계약 만기 전달인
2020년 4월까지 21개월 동안 140만 원을 저축하면 2,940만
원이 모여서 오를 전세금에 대비할 돈이 충분히 마련되는 거
죠."

"좋아요. 든든해요."

앞에서도 설명했지만 전세보증금 상승분 마련은 아래 표와 같
이 1년 차엔 1년 만기 정기적금으로 하고 2년 차엔 9개월 만기 적
금으로 하며, 만기가 된 1년 차 적금은 9개월 거치의 정기예금에
넣어 둔 뒤 사용하도록 한다.

"전세금이 마련되어 보증금 상승분이 해결됐다고 저축을 중단
하면 안 됩니다. 그 뒤에도 적금은 계속 붓는 겁니다."

"네? 꼭 그래야 되나요? 우리도 저축하느라 힘들었는데 한숨
돌리며 돈도 쓰고 싶은데요…."

"네, 그러고 싶으실 거예요. 그런데 윤경 씨가 3년 뒤에 출산
예정인데 그 때가 되면 윤경 씨 수입이 없어지잖아요. 그 시
기를 위해서 할 수 있을 때 열심히 돈을 모아 놓는 것이 중요
해요. 물론 아이는 내 계획대로 되는 것이 아니라 하나님이
주시는 것이지만 계획대로 2020년 10월 임신, 2021년 7월 출

〈표 1〉 현우 씨와 윤경 씨의 저축 내역-2018년 상담 당시

※ 월 잉여자금 250만 원 (단위 : 만 원)

구분	금융기관·상품	월 저축액	가입 기간	만기	목표 수익률	목표액	가입목적
단기	신협	40	24개월	2018. 10~ 2020. 10	3%	980	출산통장
단기	새마을금고	170	12개월	2018. 10~ 2019. 10	3%	2,070	전세자금
단기	청약저축	10	계속	~	2.5%	1000 이상	내집마련
단·중기	AB글로벌 채권	5	5년	만기 없고 필요시 부분환매	4%		이벤트 자금
중기	신영 밸류 고배당 CI	5	5년	만기 없고 필요시 부분환매	6%		투자공부
장기 (소득 공제)	이관 → 연금펀드						은퇴 전 대체 소득
장기	펀드		15년 이상	자녀 출산 후	5%	12,000	자녀 학자금
장기	변액 (2배 추가불입) 10년 후 40만원 추가	20	10년	2018. 10~ 2028. 10	4%	30,000	부부 노후 자금
합 계		250					

기간별 투자 비중

장기 8%
중기 4%
단기 88%

산이라고 가정해 놓고 생각하는 거예요."

"이렇게 하면 아내가 일을 그만둘 때를 대비한 준비가 되는 건
가요?"

"네. 얼마나 준비되는지 한 번 살펴볼까요? 계속 140만 원을
저축한다고 가정하면 4,620만 원(2021년 4월까지 33개월 동안), 이
자까지 4,700만 원이 넘는 돈을 모으게 돼요. 게다가 2년 만기
로 든 출산적금 960만 원도 있어요. 출산적금 2년 만기가 끝
난 후부터 윤경 씨가 일을 그만둘 때까지 8개월 정도의 시차
가 나는데 이 때 40만 원을 쓰지 않고 또 모은다면 320만 원
이 더해집니다.(2020년 9월부터 2021년 4월까지) 이렇게 알뜰살뜰 3
년 동안 모으면 거의 6,000여만 원을 저축할 수 있게 돼요."

〈표 2〉 1년 후 저축 내역 - 2019년 10월

※ 월잉여자금 250만 원 (단위 : 만 원)

구분	금융기관·상품	월 저축액	가입 기간	만기	목표 수익률	목표액	가입목적
단기 적금	신협	40	24개월	2018. 10~ 2020. 10	3%	980	출산통장
단기 적금	새마을금고	170	9개월	2018. 10~ 2019. 7	3%	1,548	전세자금 2648만원 준비 (2020년 5월)
170만원 적금만기 예금으로 돌림	새마을금고 예금	2,070	9개월	2018. 10~ 2019. 8	2.3%	2,100	

"이렇게 하면 신혼 5년 안에 필요한 모든 비용을 모을 수 있습니다. 출산비용과 전세금 상승분과 외벌이 시기대비, 육아비용과 이벤트 비용 및 예비비까지요."

"우와! 정말 가능하네요!"

"제가 가능하다고 했잖아요. 하하. 이미 많은 부부들이 이렇게 목돈을 모으고 있어요."

"6,000만 원이면 전세금 2,000만 원을 빼도 4,000만 원이나 남네요?"

"네. 출산적금 960만 원까지 빼도 당장 사용할 수 있는 돈이 3,000만 원인 거죠."

"정말 놀라워요! 완전 다른 세상 얘기 같아요!"

"맞아요. 놀라운 일이에요. 두 분이 혼자 살 때 매년 1,000만씩 모으기도 어려웠을 거예요."

"네. 매년은커녕 3년 동안 1,000만 원 모으기도 힘들더라고요. 그런데 결혼해서 3년 만에 6,000만 원씩이나 모을 수 있다는 게 꿈만 같아요. 결혼하면 돈 모은다는 얘기가 진짜군요."

"그렇죠. 그래서 예산을 세우고 사는 게 그만큼 중요해요. 예산을 안 짜면 외식비, 여행비, 핸드폰 바꾸는 비용 등으로 빠져나갔을 돈이 재무시스템 속에서 이렇게 목돈으로 모이는 것이거든요. 이런 기쁨은 경험해 본 분들만 알아요."

두 사람은 생활비로 300만 원을 쓰면서도 3년 안 되는 기간 동안 6,000만 원을 모을 수 있다는 사실이 여전히 믿기지 않는 듯 약간 흥분한 모습이었다.

"보면서도 믿을 수 없네요. 센터장님. 저희도 빨리 시작해 보고 싶어요."

"하하. 그러세요. 두 분은 6천만 원 만들기에 꼭 성공하실 거예요."

적금은 통장을 쪼개지 말고 한 통장으로!

신혼부부가 2~3년 안에 4,000만~6,000만 원의 목돈을 만드는 방법은 수입에 따라 금액은 달라지겠지만 방식은 비슷하다. 목돈을 만들기 위해선 통장을 여러 개로 쪼갤 필요 없이 하나로 하는 것이 좋다. 행동경제학자들의 연구에 의하면 50만 원씩 불입하는 2개의 통장보다 100만 원씩 불입하는 1개의 적금 통장이 목돈을 모으는 만족감과 성취감이 더 커 저축하는 기분을 더욱 만끽할 수 있다고 한다. 그리고 정기예금, 정기적금으로 저축하는 이유는 돈이 흩어지는 것을 방지하기 위해서이다. 만약 이 돈을 예비비 통장에 넣어 놓게 되면 자신도 모르게 돈 쓸 일이 생기면 돈을 쓰게 된다. 신기하게도 묶여 있지 않은 돈은 돈 냄새를 맡고 찾아오는 사건들의 먹잇감이 된다.

목돈을 모으는 일은 결코 쉽지 않은 절제의 과정을 통과해야 한다. 그러나 재무시스템을 갖고 있는 신혼부부라면 훨씬 수월하게 목돈을 모을 수 있다. 재무시스템을 통해서 수입과 지출이 통제가 되기 때문이다. 일반적인 생각으로는 재무시스템 없이도 2년 동안 200만 원씩 안 먹고 안 쓰고 노력해서 4,800만 원을 모으면 되지, 하고 쉽게 생각할 수도 있다. 하지만 현실에서 직접 부딪혀 보면 그렇지 않다는 것을 금세 깨닫게 될 것이다. 잉여자금이 똑같이 250만 원인 가정이라도 재무시스템 없이 돈을 모으려는 의지만으로는 저축하기가 힘들다. 왜냐하면 수입과 지출이 정확하게 파악되지 않으면 어디로 새어 나가는지도 모르게 돈이 계속 새어 나가기 때문이다.

지금까지 신혼 5년 안에 일어날 수 있는 상황에 따른 재무적 준비에 대해 간략하게 살펴보았다. 중요한 내용만 미리 소개한 것으로 3부 저축과 투자, 4부 내 집 마련, 5부 보험 파트를 통해 각각에 대해 좀 더 상세히 살펴보기로 한다. 중요한 내용은 계속 반복될 터인데 그만큼 신혼부부를 상담하면서 안타까웠던 마음과 그래서 더 강조하고 싶은 마음의 반영임을 이해하고 읽어 주시면 감사하겠다.

신혼부부 저축과 투자 전략

첫 아이 낳기 전,
목돈 마련
최고의 시기

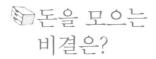# 돈을 모으는
비결은?

"센터장님. 오빠 좀 뭐라고 해 주세요. 오빠가 자꾸 주식 투자
　를 하고 싶대요."
손미희(34세) 씨가 남편 장필모(35세) 씨를 흘겨보며 말했다.
"그냥 한 번 해 본 소리 갖고 정말 왜 그러냐?"
"하하. 필모 씨가 주식 투자를 생각하시는 거 보니 매달 돈 모
　으는 게 답답하셨던 모양이네요?"
"어? 어떻게 아셨어요? 휴, 센터장님하고 상담하면서 앞으로 5
　년을 생각하면 무조건 저축을 해야 한다는 건 알겠는데 직접
　해 보니 생각처럼 잘 안 되더라고요. 왜 그런 걸까요?"
필모 씨는 정말 답답한 듯 나에게 물었다.
신혼부부들이 상담실에서 가장 많이 하는 하소연은 목돈을 모

으기 위해 허리띠를 졸라매고 사는 것이 힘들다는 것이다. 당연하다. 주위를 돌아보면 온통 돈 쓸 데뿐인 사회에서 매달 큰돈을 저축하면서 살아간다는 것은 보통 결단으로는 할 수 없는 일이다. 그래서 스스로를 소비로부터 보호할 장치인 재무시스템이 필요하다. 그렇지 않으면 주변의 유혹에 그대로 넘어가 과소비를 하거나 빨리 돈을 모으고 싶은 욕심에 무리하게 경매나 주식 투자에 손을 대기 십상이다.

"이 두 자료를 한 번 비교해 보실래요? 하나는 두 분 것이고, 다른 하나는 제 고객 것인데 미리 양해를 구하고 두 분께 보여 드리는 거예요."

나는 필모 씨 부부의 가계수지분석표와 고객 중 김명길(34세) 씨의 가계수지분석표를 보여 주었다.

장필모 씨 가정은 월수입이 650만 원인데도 매달 100만 원밖에 저축을 하지 못한다. 하지만 김명길 씨는 월수입이 필모 씨보다 150만 원이 적은 500만 원인데도 매달 200만 원씩 저축을 하고 있다.

"대단하네요! 우리보다 수입이 적은데 매달 200만 원이나 저축을 하고 있네요?"

"네. 맞아요. 보시다시피 저축은 월수입이 많고 적음에 크게 상관이 없어요. 돈을 많이 벌면 더 많이 저축할 것 같은데 절대

<表1> 월 소득 650만 원 가정과 500만 원 가정의 수입·지출 현황 비교

(단위 : 원)

현금유입		현금유출		구성비	비고
남편	3,800,000	주거생활비	850,000	13.2%	월세 50만 원 포함
아내	2,700,000	식비 · 외식비	900,000	14%	
		자녀양육비		0.0%	
		부부용돈	1,200,000	18.7%	남편 60만 원(통신비/교통비) 아내 60만 원
		종교헌금 · 기부금	450,000	7.0%	
		비정기 지출	1,100,000	17.1%	1년 1,320만 원
		대출원리금	386,000	6.0%	
		보장성보험	530,000	8.3%	
		저축 · 투자	1,000,000	15.6%	
현금 유입계	6,500,000	현금유출계	6,416,000		
		잉여자금	+84,000		

현금유입		현금유출		구성비	비고
남편	2,700,000	주거생활비	235,000	4.7%	생활비 체크카드
아내	2,300,000	식비 · 외식비	700,000	14.1%	한통장에서 2개
		자녀교육비		0.0%	
		용돈경비	600,000	12.1%	부부 체크카드 각각 1개씩 통신비 · 교통비 · 용돈
		종교헌금 · 기부금	550,000	11.1%	
		비정기 지출	450,000	9.0%	
		대출원리금	215,700	4.3%	
		보장성보험	225,000	4.5%	
		저축 · 투자	2,000,000	40.2%	
현금 유입계	5,000,000	현금유출계	4,975,700	100.0%	
		잉여자금	+24,300		

로 그렇지가 않아요. 두 집의 차이가 뭘까요?"

"잘 모르겠어요….""

"돈을 쓰는 기준인 참조틀이 달라서예요. 참조틀이 높으면 그
만큼 돈은 술술 빠져나가게 돼 있어요. 마치 토끼와 거북이의
경주를 생각하시면 쉽게 이해될 거예요. 적게 벌더라도 인내
를 갖고 낮은 참조틀로 열심히 저축하는 사람이 결국 이기게
되거든요."

그렇다. 사람마다 '내가 이 정도는 써야지' 하는 기준이 있는데
그것이 참조틀이다. 두 가정의 지출 명세를 보면 주거비에서 50만
원, 부부의 용돈에서 60만 원, 비정기 지출에서 65만 원의 차이가
난다. 필모 씨 가정이 이런 비용을 더 많이 쓰고 있는데 이는 명길
씨 가정보다 참조틀이 더 높기 때문일 것으로 보인다. 이 외에 대
출 원리금과 보험료가 더 나가고 있고 종교 헌금과 기부금은 수입
이 적은 명길 씨 가정이 오히려 10만 원이 더 많다. 참조틀의 차이
로 수입이 150만 원이나 더 적은 가정이 100만 원을 더 저축할 수
있게 된다.

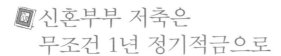

신혼부부 저축은
무조건 1년 정기적금으로

참조틀 얘기를 들은 필모 씨와 미희 씨는 한숨을 쉬었다.

"우리도 지금 남들 하는 거 못하고 사는 게 많은데 거기서 더 낮추라니…."

"참조틀을 하루아침에 낮추기는 어렵겠지만 일단 저축할 돈을 떼어 내고 남은 돈으로 생활을 하다 보면 꼭 필요한 지출만 하게 되면서 참조틀이 조정이 될 수 있습니다."

"네…, 보여주신 자료를 보니 자극이 되네요. 그런데 펀드 같은 데 넣어서 투자하는 건 안 되나요?"

"네. 죄송하지만 저는 권하지 않아요. 이미 제가 지난번에 말씀드렸듯이 신혼부부에겐 5년 안에 출산, 전세금 상승분, 대출 상환, 육아비, 외벌이 전환 등 여러 가지 중요한 이벤트들

이 기다리고 있어요. 이것을 생각하지 않고 투자에 돈을 묶어 두면 높은 이자로 대출을 내거나 마이너스 통장을 써야 하는 난감한 일들이 벌어질 수도 있어요. 괜히 재테크 책 보고 나서 주식이나 경매 등에 뛰어들면 큰일 나요. 그 시간에 차라리 재무시스템을 만들고 지출 1만 원을 통제하고 아끼는 게 나아요."

"네, 그렇군요…."

"신혼부부는 돈을 모으려면 무조건 1년 단위로 정기적금을 넣는 게 좋아요. 이건 제가 10년 넘게 재무 상담을 해 오면서 얻은 중요한 재테크 원칙이에요. 신혼부부에게 가장 좋은 투자는 단기 적금인 거죠."

"그럼 저축액은 어떻게 높일 수 있나요?"

"일단 저축률을 올리려면 돈이 남아야 하잖아요. 돈을 남기려면 비장한 각오로 안 쓰는 것밖에 방법이 없어요. 부부가 함께 재무시스템 안에서 예산을 세우고 아끼지 않으면 절대로 돈이 남지 않아요. 지금 우리가 사는 세상 구조가 그래요. 특히 우리 같은 크리스천은 믿지 않는 사람들보다 돈이 더 많이 들어요. 믿음으로 십일조 이외에도 여러 명목의 헌금까지 더 내야 하잖아요. 그래서 돈을 들여다보지 않으면 돈을 모으기 힘들어요. 물론 하나님께서 채워 주시는 더 큰 은혜가 있지만요. 어쨌든 그래서 통장에 이름을 붙이고 지름통장을 만들고 용도별 통장을 만들어서 지출하는 재정관리가 필요해요. 10

만 원, 20만 원의 펀드보다 그게 훨씬 더 유익해요."

사람들은 지름길을 찾는데 내가 생각하는 실패하지 않는 지름길은 참조틀을 낮추고 저축액을 늘리는 것. 정석대로 하는 것이다.

🔑 이자가 높은 은행이 좋은 은행

"저축할 때 혹시 센터장님께서 추천하시는 은행이 있나요?"

"있어요. 저는 새마을금고, 신협 같은 협동조합과 저축은행을 추천해요. 혜택이 좋거든요."

"그런 곳은 왠지 좀 불안한데요…? 저축은행인가는 예전에 크게 문제가 된 적이 있잖아요."

"그래도 괜찮아요. 예금자보호법으로 5천만 원까지 보호받을 수 있어요."

"아, 그래요? 그럼 안심해도 되겠네요. 그런데 주변에서 별로 본 적이 없는 것 같아요."

"일반은행보다는 적긴 하지만 그래도 잘 찾아보면 보여요. 홈페이지에서 지점이 어디에 있는지 알아봐도 되고요. 아, 그리고 새마을금고나 신협에 적금을 들기 위해서는 2만 원 내고 조합원 가입을 해야 해요. 신협이 좋은 점은 어떤 금융기관에서든 이자가 붙으면 15.4%의 이자소득세를 내야하는데 신협에서는 14%를 감면해줘서 농어촌특별세 1.4%만 내면 돼요. 따지고 보면 거의 비과세나 마찬가지예요. 작은 것 같지만 알고 보면 큰 혜택인거죠. 협동조합은 다 이런 혜택이 있어요. 그런데 농협은 단위농협만 돼요. 중앙농협은 은행 개념이라서 이런 혜택이 없거든요."

"이런 얘기 처음 들어요. 늘 저축을 한다 하면 은행만 생각했거든요."

미희 씨가 눈을 반짝이며 말했다.

"그러실 거예요. 제1금융권(신한, 국민, 하나, 농협은행 등)은 현재 세금우대 저축이 이미 일몰돼서 가입이 불가능해요. 하지만 새마을금고, 단위수협, 단위농협과 같은 조합형 금융기관에서는 아직 세금우대저축이 가능해요(농협중앙회 제외). 20세 이상 1인에 한해서 3천만 원까지 세금우대가 가능해요. 이걸 한 번 보시겠어요?"

나는 두 사람에게 컴퓨터 모니터의 자료 화면을 보여 주었다.

세금우대저축의 이자세율

• 2018년까지 : 농특세 1.4%(총 1.4%)

• 2019년까지 : 소득세 5%, 농특세 0.9%(총 5.9%)

- 2020년까지 : 소득세 9%, 농특세 0.5%(총 9.5%)

"보시는 것처럼 2018년까지 발생한 이자에 대해서는 세금 1.4%만 납부하게 돼요. 그리고 2019년까지 발생한 이자에 대해서는 5.9%의 세금을 납부하고 2020년 이후부터는 세금 9.5%를 납부해요. 현재 2019년 말까지만 가입이 가능하고 앞으로 연장 여부는 아직 확인 안됐어요."

"그렇군요."

"어쨌든 크리스천 신혼부부는 이런 정보에 대해서 관심을 갖고 찾아보고 살펴봐야 해요. 조금만 노력하면 뜻밖에 좋은 수익통로를 찾을 수 있거든요. 요즘은 정부에서 저축을 장려하기 위해 각종 정책들을 쏟아 내고 있기 때문에 잘 고르면 높은 수익을 얻을 수 있어요. 결국 이런 정보들이 목돈 모으는 시간을 앞당겨 줘요. 예를 들면 금리가 높은 은행을 찾기 위해서는 재테크포탈 사이트인 '모네타MONETA'를 활용하면 편리해요."

"모네타요? 그런 것도 있어요?"

"예. 인터넷 '모네타' 사이트에 들어가면 최다 금리를 보장하는 은행을 쉽게 찾을 수 있어요. 최근에는 2.8~3.2%까지 이자율을 보장하는 곳도 간혹 찾을 수 있어요. 이런 데를 찾으면 곧바로 1년 정기적금에 가입하면 돼요. 정기적금은 인터넷으로도 개설할 수 있어요. 하지만 통장 개설할 때 한 번은 직접

가야 하니까 부부가 같이 손잡고 외출해서 적금도 들고 맛있는 것도 사 먹고 오시면 좋죠. 적금은 한 번 가입하면 1년 동안 유지되니까 그 다음은 편해요."

"적금 하나 드는 것도 많은 정성이 들어가네요."

"네. 그래요. 그런데 만약 두 분이 대출을 염두에 두고 있다면 정기적금은 될 수 있는 대로 주거래 은행에서 하는 게 좋아요. 이게 대출 전략이에요. 장기적인 안목에서 보면 설사 이자율이 다른 곳보다 좀 적더라도 주거래 은행을 꾸준히 이용하면 나중에 대출 이자율을 떨어뜨릴 수 있거든요."

"그거 굉장히 유용한 팁이네요."

"두 분 혹시 풍차돌리기라고 들어 보셨어요?"

"네. 제 친구한테 들은 적 있어요. 은행에 매일 가서 만 원짜리 신규적금을 하나씩 드는 거 아니에요? 30일 동안 나눠서 적금을 넣는 것이 한 번에 36만 원 넣는 것보다 이자가 더 높다면서요?"

"맞아요. 그런데 그런 건 하지 마세요. 은행직원들이 얼마나 피곤하겠어요? 그 이자를 바라기보다 차라리 커피숍에서 커피 한 잔 덜 마시고 아끼는 게 순수익이 더 많을 거예요."

"하하. 전 그렇게 부지런하지 못해서 하라고 하셔도 못할 것 같아요."

은행에서 든 비과세 적금, 적금 아닌 보험

"세금우대저축이 세금감면으로 이자율을 올려 주는 효과가 있어 인기가 있듯 적금 중에 한 때 아주 인기를 끌었던 비과세 적금이 있었습니다. 두 분은 혹시 비과세 적금을 든 적이 있나요?"

"글쎄요, 정확히는 잘 모르겠는데 있는 것 같아요."

"집에 가서서 적금통장을 한 번 꼼꼼히 확인해 보세요."

"왜요?"

"비과세 적금인줄 알고 들었는데 나중에 보니 저축보험인 경우가 많거든요. 신혼부부가 특히 조심해야 할 함정이 바로 이 '비과세' 적금이에요."

"오 마이 갓! 적금이 아니라 보험이라고요?"

"제 고객 분 사례를 이야기해 드릴게요."

김수영 씨는 결혼 준비자금으로 쓰기 위해 큰맘 먹고 시중 은행에 가서 적금을 들었다. 비과세라는 말에 혹해서 매달 100만 원씩이나 불입하는 금리 2.7%의 3년 만기 비과세 적금에 가입한 것. 그런데 나중에 알고 보니 이 상품은 3년 납 10년 만기인 저축보험이었다. 3년 동안 납입을 했어도 해약을 하면 원금도 나오지 않는 보험 상품이었다. 보험 상품이라 5년이 지나야 사업비가 빠져서 원금이 나오기 때문이다. 결국 비과세 혜택을 받으려면 꼼짝없이 10년 동안 돈을 묶어 두고 기다려야 하는 것이다. 김수영 씨는 뒤늦게 이 사실을 알고 후회했지만 다른 방법이 없었다. 이미 창구 직원이 내민 계약서에 사인을 했고 확인 전화가 왔을 때 또박 또박 대답을 했기 때문에 불완전판매도 아니었던 것이다. 결국, 수영 씨는 결혼을 앞둔 상태라 손해를 감수하고 적금을 해약할 수밖에 없었다.

일반적으로 정기적금은 몇 년 납이라는 용어를 쓰지 않는다. 가입 당시 그런 말을 해도 소비자들은 은행에서 판매하는 상품이니 당연히 적금인 줄 알고 가입하는 경우가 많다. 이런 일이 벌어지는 것은 은행창구를 통하여 보험 상품을 판매하는 방카슈랑스

Bancassurance* 때문이다. 이런 상품들은 종신도 되고 연금도 가능하다고 홍보한다. 하지만 그런 혜택을 원한다면 아예 연금을 드는 게 낫지 적금을 들 일이 아니다. 그러니 은행에서 가입하는 상품이어도 가입 시 몇 년 납이라는 단어가 붙고 종신이라는 글자가 들어가면 저축상품이 아닌 보험 상품일 확률이 높으니 조심해야 한다. 보험 상품이 나쁘다는 얘기가 아니라 보험은 위험이 보장되는 상품으로 따로 들고, 저축은 예금·적금이나 투자로 해야 하기 때문이다. 자세한 내용은 5부 보험 부분에서 설명하도록 하겠다.

---

* 방카슈랑스는 프랑스어로 방크(Banque, 은행)와 아슈랑스(Assurance, 보험)란 단어가 합하여져 만들어진 용어로 1980년대에 유럽에서 시작되어 급속히 전 세계로 확산됐다.

단기는 저축, 장기는 투자로 해야 하는 이유

"자, 그럼 이제는 투자에 대해서 본격적으로 이야기해 볼까요?"

"네! 전 투자에 대해서 관심이 많아요. 대체 투자는 어떻게 해야 하나요?"

"투자 전에 먼저 드릴 말씀이 있어요. 우리 크리스천들은 특히 투자와 투기를 잘 구별해야 해요. 내 안에 혹시 투기의 마음이 없는지 잘 살펴봐야 하는 거죠. 내가 지금 무엇을 기대하고 있는지, 그리고 그 기대치가 합리적인 수준인지 분별할 필요가 있어요. 일반적으로 투자라고 하면 주식 투자나 재테크 투자에 성공해서 한 번에 많은 돈을 버는 방법을 생각해요. 하지만 제가 말하는 투자는 일확천금을 노리는 한탕주의

식 투자가 아니에요. 열심히 일해서 번 귀한 돈을 최대한 안전하게 지키면서 적정한 수익을 올릴 수 있는 소박하고 건전한 개념의 투자죠. 투자 한 방으로 크게 대박을 꿈꾼다면 그건 투기예요. 투기의 마음이 있으면 나에게 주어진 소득, 주어진 일들이 헛되고 가치 없게 느껴질 수 있어요. 이건 분명히 하나님이 주신 마음이 아니죠. 한 달 월급으로 한 달을 살아 내는 것은 크리스천으로서 매우 귀한 일이에요. 그래서 제가 늘 재무시스템을 강조하는 거예요. 가정 경제가 재무시스템 안에서 선순환 구조로 관리되지 않으면 아무리 저축과 투자를 많이 한다고 해도 소용이 없어요. 마치 밑 빠진 독에 물 붓기처럼 모아 놓은 돈이 새어 나가 버리거든요. 그러니까 저축과 투자는 재무시스템이 튼튼하게 자리 잡은 다음에야 가능해요."

"하하, 네 알겠습니다. 센터장님이 무얼 말씀하려고 하시는지 알겠어요."

일반적으로 우리는 저축이나 투자를 할 때 높은 수익률에 대해서 먼저 관심을 갖는다. 그런데 앞서 말했듯이 월급으로 살아가는 우리의 자산으로는 엄청난 수익을 기대하기 힘들다. 그것보다는 절약하고 아껴서 모으는 것이 중요하다. 투자는 적은 돈이거나 단기일 때는 금액 차이가 크게 나지 않는다. 그러므로 단기저축은 높은 이자율을 따지기보다는 1만 원이라도 아껴서 순저축률을 높이는 게 중요하다. 이것이 절대 손해 보지 않는 저축 투자 원칙의 하나다.

"전 투자 상품을 추천해 줄 때 '촉'을 믿고 상품을 선정하지 않아요. 제가 선택하는 기준은 큰 수익을 내는 특정상품이 아니라, 안전한 투자예요. 상품은 계속 변하지만 투자원칙은 변하지 않거든요. 제가 15년간 고객의 자산을 관리하면서 손해발생률이 거의 없는 이유도 이러한 원칙에 충실하기 때문이에요."

"저희한테도 그 상품을 좀 알려 주세요."

"네. 곧 알려 드릴게요. 투자는 돈의 용도와 밀접한 관련이 있어요. 예를 들어 1년 뒤에 명품가방을 사고 싶다면 펀드보다는 적금을 들어야 해요. 자녀교육비 같은 자금은 자녀가 어렸을 때부터 장기 펀드상품에 투자하는 것이 유리하죠. 돈의 용도와 상관없이 무턱대고 투자 상품에 가입하는 것은 매우 위험해요. 당장 써야 하는 단기 자금은 안전한 은행권을 이용해서 이자율보다는 순저축률에 중점을 두는 게 좋고 또 특별한 목적에 쓸 돈은 이름표를 붙여서 기간에 따라서 '지름통장'으로 활용하고요."

"아, 통장에 이름 붙이는 거요? 그건 저희도 재무시스템 하면서 하고 있어요."

"네. 잘하고 계시네요. 재무시스템이 원활히 돌아가고 저축을

할 수 있게 되면 돈을 모으는 방법을 정해야 해요."

"돈을 모으는 방법이 따로 있나요?"
"같은 돈이라도 모으는 방법에 따라 수령금액이 달라질 수 있
거든요. 기준은 '돈이 언제 필요한가?'예요. 그래서 사용시점
에 따라 단기, 중장기 자금으로 분류할 수 있어요. 그래야 저
축을 할 것인가, 투자를 할 것인가를 결정할 수 있죠."
"아, 기간이 중요하군요."
"네. 일반적으로 저축이라고 하면 사람들은 정기적금을 떠올
려요. 그만큼 원금 보장이 되는 안전성 때문이겠죠."
"네. 맞아요. 괜히 펀드에 잘못 넣었다가 원금 손해 본 사람들
도 많거든요."
"그런데 그게 오해예요. 원금보장이 되는 정기적금으로도 손
해를 볼 수 있어요."
"예? 정말요? 원금이 나오는데 어떻게 손해를 봐요?"
"저금리 시대를 살고 있는 우리는 저축에 대한 인식의 대전환
이 필요해요. 우리가 모르는 원금보장의 놀라운 두 얼굴이 있
거든요. 제 고객 사례를 들어서 설명해 드릴게요."

이상렬 씨는 2003년에 3살, 4살인 두 자녀 대학 등록금을 준비
하기 위해 적금통장 2개를 만들었다. 자녀가 대학에 들어갈 시점
을 생각해서 15년 만기 때 각각 1,000만 원씩 받을 수 있도록 설

계했다. 2003년 당시 대학등록금은 한 학기당 250만 원 정도였기 때문에 1,000만 원이면 한 아이의 대학 등록금 2년 치를 준비할 수 있었다. 드디어 2018년에 적금 만기가 되어 1,000만 원을 받았다. 하지만 상렬 씨의 예상은 빗나가고 말았다. 그 사이에 대학등록금이 올라서 2년 치 등록금으로 준비한 1,000만 원으로는 1년 치 등록금도 간신히 맞출 수 있었기 때문이다. 상렬 씨가 놓쳤던 것은 15년 동안 물가상승으로 인한 구매력 감소였다. 즉 15년 전의 상렬 씨가 확신했던 원금보장이 물가상승률에 의해 제 역할을 할 수 없었던 것이다. 이 사례는 우리가 어떻게 돈을 모을 것인가를 생각할 때 매우 중요한 포인트를 짚어 준다.

이 도표는 물가상승률과 시간에 따른 1억 원이 지닌 구매력의 변화를 보여 주고 있다. 만약 지금 내가 현금 1억 원을 갖고 있다고 가정한다면, 물가상승률이 3%일 때 10년 뒤에 돈의 가치는 7,000만 원이고, 20년 뒤에는 절반으로 뚝 떨어져 5,000만 원밖에 되지 않는다. 현재 1억 원에 살 수 있는 물건을 20년 뒤에는 2억

〈표 2〉 물가상승률과 시간에 따른 1억 원의 구매력

(단위 : 만 원)

물가 상승률	1년	3년	5년	10년	20년	30년	40년
3%	9,700	9,150	8,620	7,440	5,530	4,120	3,060
4%	9,600	8,890	8,210	6,750	4,560	3,080	2,080

원이 있어야 구매할 수 있다는 말이다. 그만큼 돈의 가치는 떨어지고 물가는 오르기 때문이다.

　원금이 보장되는 저축이라고 할지라도 그 기간이 길어지면 물가상승으로 인해 그만큼 돈의 가치는 떨어지고, 원금 보장이라는 게 무의미해진다. 그렇다고 정기적금은 무조건 피하라는 얘기는가 아니다. 저축을 할 때는 돈의 목적과 기간에 맞게 돈을 관리하는 능력이 중요함을 강조하는 것이다.

투자방법은 "언제 필요한 돈이냐?"에 따라 달라져야

1~3년 안에 필요한 돈을 모을 때는

1~3년 정도의 단기자금은 전세금, 출산비용 등과 같이 필요시기가 짧게 정해져 있는 자금을 말한다. 이러한 단기자금은 무위험 자산에 투자해야 한다. 위험 자산에 투자하게 되면 필요한 시간에 돈을 확보하지 못할 수 있고, 자칫 큰 손해를 감수해야 할 수도 있기 때문이다. 그러므로 단기자금은 적금과 같이 원금보장이 되는 안전한 상품에 저축한다.

또한 단기자금은 높은 수익보다는 한 푼 두 푼 저축을 해서 필요한 목적 금액을 모으는 것에 중점을 두어야 한다. 펀드수익률은

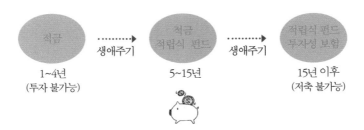

〈 기간별 저축과 투자 방법 〉

적금
1~4년
(투자 불가능)

생애주기

적금
적립식 펀드
5~15년

생애주기

적립식 펀드
투자성 보험
15년 이후
(저축 불가능)

4~7%가 되는데 적금은 2%밖에 안 된다고 해도 단기자금일 경우는 어쩔 수가 없다.

아직 내 집이 없는 신혼부부라면 70%는 단기자금으로 1년 만기 적금을 통해 무조건 저축에 힘써야 한다. 이때는 이자율보다는 어떻게든 돈을 모아 저축액을 높이는 것에 의미를 두고 전세자금을 점점 늘려 가면서 내 집 마련을 위한 자금을 확보하는 것이 급선무다.

3~5년 뒤에 필요한 자금이라면 안전한 채권으로

3~5년 정도의 중기자금이라면 저위험 자산에 투자하면 된다. 저위험 자산의 대표적인 상품은 채권이다. 채권은 상대적으로 주

식보다 안전하다. 지금까지 경험으로 봤을 때 채권은 적금보다 훨씬 높은 4%전후의 수익을 예상할 수 있다.

일반적으로 채권이나 주식에 대한 정보가 부족한 사람들은 원금이 손실될 수 있다는 이유로 채권이나 주식 투자를 기피하는 경우가 많다. 물론 저위험 자산이든 위험 자산이든 정도의 차이는 있지만 원금이 손실될 위험이 존재한다. 하지만 여기서 말하는 위험은 데인저danger가 아니라 리스크risk다. 리스크는 불확실한 것에 대한 잠재적 위험성을 말한다. 데인저는 무찌르거나 도망칠 수밖에 없지만 리스크는 여러 가지 방법으로 미연에 방지할 수 있다.

위험 자산이라고 할 때 원금을 무조건 다 손해 본다고 생각하지 말아야 한다. 적절한 돈을 적절한 시간에 장기적으로 투자하면 물가상승에 대한 충분한 헤지(hedge :위험 분배)가 되기 때문이다.

고객 중에 김종선 씨 부부는 4년 후 가족여행을 계획하며 '가족 계'를 만들어서 매월 20만 원을 글로벌 채권에 투자했다. 정기적금 이자율 3%로 가정하면 4년 후 1,010만 원 정도가 모이겠지만, 글로벌 채권에 투자한 결과 1,060만 원(실제 수익률 5%)이 되었다. 종선 씨 가족은 이 돈으로 여유 있게 가족여행을 다녀왔다. 물론 지금도 4년째 매월 20만 원씩 가족여행 용도로 투자를 계속하고 있다.

장기는 펀드투자로

오랜 고객인 박순자 씨는 남편이 돌아가신 후 장사를 하면서 어렵게 두 자녀를 키워 왔다. 10년 전, 자녀의 미래를 걱정하는 박순자 씨에게 나는 펀드 상품을 소개했다. 그녀는 자녀들을 위해 적금을 드는 대신 이 펀드에 10년 동안 꾸준히 투자했다. 어려운 형편 가운데서도 매달 60만 원씩 꾸준히 투자를 해서 10년 동안 불입한 원금이 7,200만 원이었다. 그런데 놀랍게도 그녀가 회수한 돈은 1억4천만 원이었다. 그 동안 수익금이 늘어서 두 배가 된 것이다.

박순자 씨는 그 사실을 내게 전하면서 좋은 상품을 알려 줘서 고맙다며 감격에 겨워 울먹였다. 이제 자녀들 학자금은 물론 독립 자금도 쥐어 줄 수 있게 됐다며 기뻐하는 그녀의 모습을 나는 오랫동안 잊지 못했다. 바로 이런 순간이 내가 재무상담가로서 가장 보

<표 3> 투자기간별 대표 상품과 기대수익률

	투자 기간	대표 상품	기대 수익률(세후)
무위험 자산	1~3년	은행의 저축 상품 ELD	2~3%
저위험 자산	3~5년	채권 글로벌 채권 ELS 임대 부동산	4~5%
위험 자산	5년 이상	주식형 펀드	7~8%

람을 느끼는 순간이다. 고객이 없는 돈을 힘들게 쪼개서 아끼며 투자했는데 수익이 나고, 필요한 순간에 최고의 가치를 발하며 적절하게 사용할 수 있을 때 투자는 빛이 나는 것이다.

나는 개인이 직접 주식에 투자하는 것을 권하지 않는다. 그 이유는 리스크가 아닌 위험에 그대로 노출되기 때문이다. 개인이 적절한 투자를 하기 위해서는 많은 정보가 필요하고, 그만큼 많은 시간과 노력을 들여야 한다. 그러면 본연의 업무보다는 주식에 열중하게 될 가능성이 높다. 특히 손해를 보게 되면 이를 회복하기 위해 더욱 주식 투자에 매달리게 되고 결국 주식 투자 중독자가 되기 쉽다. 또한 개인이 주식 투자를 할 때는 비교적 저렴한 주식을 구입하는 경우가 많다. 예를 들어 한 주에 만 원인 주식을 구입하면 3천 원만 올라도 30%의 수익이 난다. 하지만 그만큼 안정성이 떨어지는 주식일 가능성이 높다. 내담자 중에도 전세금을 모으기 위해 개인적으로 주식 투자를 하다가 도리어 원금에 큰 손해를 입고 낭패를 당한 경우가 있다.

처음 초보자로 주식 투자를 할 때는 50만~100만 원 정도로 시작하기도 한다. 하지만 몇 번 투자 수익을 경험하고 나면 절대로 100만 원에서 끝내지 않는다. 그러다가 큰 손해를 보면서 감당하지 못하는 빚더미에 오르는 경우가 종종 발생한다. 이러한 투자는 투자가 아니라 투기다.

추천하는 장기 투자 상품은?

"제가 두 분께 추천하고 싶은 상품이 두 개 있어요."

"와, 이제 드디어 투자 상품을 알려 주시는 거예요? 그게 뭐예요?"

"구체적으로 이름을 알려 드릴게요. AB형 글로벌 채권과 신영 밸류고배당 C형 펀드예요."

"이름이 엄청 어렵네요."

"그렇죠. 그냥 기억만 해 두시면 돼요. 이 두 가지 펀드는 제가 오랫동안 꾸준히 지켜봤는데, 고객들이 가장 좋은 수익을 얻은 상품이에요."

이 채권의 실제 이름은 좀 길다. 'AB 글로벌 고수익 증권투자신탁(채권 재간접형) 종류형A'다.

상품명에서 맨 처음 나오는 AB는 얼라이언스 번스틴Alliance Bernstein이라는 미국 운용 회사 이름의 약자이다. 나는 줄여서 AB 글로벌 채권이라 한다. 이 상품은 채권에 투자하는 저 위험상품으로 5만 원부터 가입할 수 있어서 나는 신혼부부들에게 5만 원 이상씩 무조건 가입해 두라고 권한다. 이 상품은 3년 이후에 사용할 여행 통장의 용도로 만들면 아주 좋다.

좋은 채권상품을 이용하면 안전한 이유는 운용회사가 리스크를 관리하며 운용하기 때문이다. 얼라이언스 번스틴 투자신탁 회사는 1조5천억 원 정도의 자금을 운용하며, 이 자금으로 1,000개의 회사채를 구입해서 운용하고 있다. 만약 개인이 한 기업의 회사채를 샀는데, 그 회사가 부도가 나면 하루아침에 회사채는 휴지 조각이 되고 만다. 하지만 회사채가 1,000개가 된다면 그 위험을 충분히 분산시킬 수 있다. 1,000개의 회사가 한꺼번에 도산하지는 않기 때문이다. 이 펀드가 갖고 있는 회사채 부도율은 2~2.5% 정도다.

표를 보면 2009년 7월부터 8년 6개월 동안 이 상품의 등락이 표시돼 있다. 표를 보면 전체적으로 오름세이지만 간간히 떨어진

〈표 4〉 AB글로벌고수익증권투자신탁의 10년간 수익률

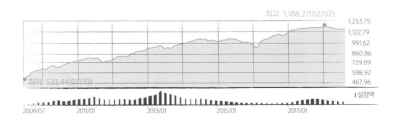

AB글로벌고수익증권투자신탁(채권-재간접형) 종류형 A					(2018. 8. 31 기준)	
1,167.67 기준가 전일대비 ▲ 4.07(+0.37%)	올해 수익률	-1.37%	1년 수익률	-1.08%	펀드등급 3년	★★★☆☆
	1개월 수익률	-0.98%	3년 수익률	16.93%	펀드등급 5년	★★★★☆
	3개월 수익률	-1.39%	5년 수익률	28.65%		

구간이 보인다. 제일 많이 떨어진 구간이 2016년도 유가하락 때다. 그 이외에는 크게 떨어진 구간이 없다. 그래서 만약 내가 10만 원씩 5년간 이 펀드에 투자했다면 어떤 구간에서든 손해를 보지 않는다. 아무리 떨어진 구간이 있다고 해도 5년이 지나면 다시 복원되어 올라가 있기 때문이다. 그런데 만약 내가 2015년에 가입해서 1년 동안 투자를 한 후 돈을 꼭 회수해야 하는 상황이라면 그 안에 떨어진 구간이 있어서 손해를 피할 수 없게 된다. 그래서 이 상품은 5년 이상이라는 투자 기간이 꼭 필요한 것이다.

주위를 둘러보면 펀드에 투자했다가 손해를 본 사람들이 의외로 많다. 이익을 봤다는 사람은 극소수다. 그런데 흥미로운 사실

은, 지금까지 15년 동안 내 권유로 펀드에 투자한 고객들 중에 손해를 본 사람이 한 사람도 없다는 점이다. 똑같은 시장에 똑같은 금액을 투자했는데 어떤 사람은 손해를 본 적이 없고, 어떤 사람은 손해를 본 기억밖에 없다. 왜 그럴까? 기간 때문이다. 내 권유로 투자한 고객들은 모두 충분한 시간을 두고 욕심을 부리지 않고 안전하게 투자했기 때문에 모두 이익을 볼 수 있었다.

특히 이 AB형 글로벌 채권은 앞서 이미 설명했듯이 신혼부부 이벤트 자금으로 사용하면 좋다. 매달 10만 원씩 넣어서 가정 대소사나 잔치 때 사용하면 아주 긴요하게 쓸 수 있다. 채권은 주식보다 변동이 낮으므로 중간에 빼서 쓰는 용도로는 AB형 글로벌 채권이 유리하다.

신영 밸류 고배당 C형 펀드

신영밸류고배당 C형 펀드는 신영투신사에서 운용하는 펀드로서 높은 배당을 주는 상품이라는 뜻을 갖고 있다. B형과 C형이 있는데 C형이 수수료가 좀 더 저렴하다. 1부에 소개한 그랜드 캐니언에서 사진을 보내온 상미 씨가 가입해서 1,400만 원을 만들었던 상품이기도 하다. 이 펀드는 인터넷으로도 가입할 수 있는데, 자녀의 대학등록금 용도로 가입하면 좋다. 나는 저축보험이나 교

육보험을 드는 대신 이 펀드를 이용해서 대학등록금을 준비하도록 권유하고 있다. 고객 중에 이 펀드를 통해서 수익을 얻은 사람들이 꽤 많다. 앞서 두 자녀의 대학등록금을 마련한 박순자 씨에게 소개한 상품도 바로 이 상품이었다.

이 상품은 2003년도에 만들어졌다. 그래서 지난 10년간의 데이터가 존재한다. 그 사이에 금융위기도 겪었지만 시간이 지날수록 회복이 됐다. 실제로 고객 중 한 사람은 주식 투자를 하다가 금융위기 때 반 토막 난 경우도 있다. 하지만 그로 인해 주식을 매우 싼 가격에 매입할 수 있어서 다시 회복세로 돌아섰다. 이 상품 역시 중요한 것은 기간이다. 단기간에 자금을 회수하지 않고 시간을

〈표 5〉 신영밸류고배당C형 펀드의 5년간 수익률

신영밸류고배당증권투자신탁(주식) C형   (2018. 8. 31 기준)

1,168.61 기준가 전일대비 ▼ 3.02(-0.31%)	올해 수익률	-9.85%	1년 수익률	-7.78%	펀드등급 3년	★★★★☆
	1개월 수익률	-1.33%	3년 수익률	18.62%	펀드등급 5년	★★★★★
	3개월 수익률	-3.68%	5년 수익률	38.76%		

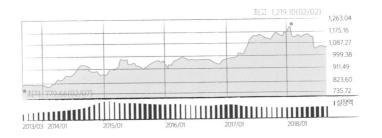

갖고 기다리면 위험요인들이 헤지hedge되면서 수익을 얻을 수 있다.

이런 상품에 대해 구체적으로 이해하기 위해서는 어느 정도 전문적인 지식이 필요하다. 하지만 가입하는 고객에게는 그런 전문성이 굳이 필요하지 않다. 중요한 것은 그 상품이 얼마나 안전하게 수익을 내는가 하는 문제이기 때문이다. 나는 고객들에게 상품에 대해서 구체적으로 이해하기 힘들면 이름만 외워서 가입하라고 권유한다. 그래도 괜찮다. 은행이나 증권사에 가서 이 상품 이름을 또박또박 말하기만 해도 일반인으로서는 정보가 있는 사람이라고 얘기할 수 있다.

나는 고객들에게 너무 높은 수익률을 바라보지 말라고 조언한다. 5%면 어떤가? 수익률이 5%면 이자율로 계산하면 10%에 해당한다. 주식은 비과세이기 때문이다. 수익률 10%면 완전 '대박'이다. 사람들은 더 높은 이익을 좇느라고 그 작은 '대박'을 놓치는 경우가 많다.

펀드 상품은 만기가 없다. 가입할 때 "5년간 5만 원씩 자동이체 해주세요."하면 끝난다. 만약 맞벌이를 하다가 돈이 없어서 더 이상 투자할 수 없게 되면 자동이체를 중지해 달라고 전화 한 통만 하면 돈이 더 이상 빠져 나가지 않는다. 이미 불입된 금액만 투자가 되는 것이다. 이후 경제적 상황이 좋아져서 다시 투자하고 싫으면 직접 찾아가서 자동이체 신청을 하면 된다. 펀드 수수료는 은행이나 증권사가 똑같다. 그러므로 어디에서 가입해도 상관없다.

실제로 나는 늦둥이 딸 민하의 대학등록금을 위해 이 상품에 가입해서 매달 20만 원씩 넣고 있다. 인플레이션을 고려했을 때 이 상품 하나면 민하가 대학에 입학할 때 등록금의 70%가 준비된다. 신혼부부에게 아기가 태어나 세 돌 정도 되면 부부가 함께 재무대화를 통해 자녀의 대학등록금을 준비하는 용도로 이 상품에 가입하기를 권한다. 매달 10만 원씩 15년을 투자하면 펀드 수익률로 봤을 때 자녀가 대학에 입학할 때쯤이면 1년 6개월 치의 등록금이 준비된다.

또한 나는 이 상품을 지름통장으로 사용하도록 권하기도 한다. 한 달에 5만 원은 얼마 되지 않지만 5년 동안 꾸준히 모으면 300만 원 이상의 돈이 만들어진다. 300만 원이라면 원하는 것이 명품이든 해외여행이든 가능한 금액이다. 위에서 보여준 두 개의 그래프는 내가 특정한 상품의 좋은 사례만을 골라서 소개하는 것이 아니다. 대부분의 투자가 같은 원칙을 갖고 있다. 긴 시간을 들여서 투자하면 언젠가는 수익을 얻게 된다는 것이다.

투자할 때, "자녀학자금 펀드"처럼 이름표 붙이기

어느 날, 고객인 이동길 씨로부터 전화가 걸려 왔다. 자동차를 구입할 목적으로 만든 자동차 통장에 드디어 3천만 원이 채워져서 자동차를 구입하려고 하는데 고민이 하나 생겼다는 것이다. 동길 씨는 자동차 통장 이외에 자녀등록금 이름으로 20만 원씩 8년 동안 모은 통장이 하나 더 있었다. 그 통장에 돈이 2천만 원이 모였는데, 막상 자동차를 구입하려고 하니 욕심이 생긴 것이다. 현재 갖고 있는 3천만 원에 자녀등록금 용도로 모은 2천만 원을 더하면 멋진 외제차를 살 수 있었기 때문이다. 나는 동길 씨에게 절대로 자녀등록금 통장에 손을 대면 안 된다고 조언했다. 처음 통장 만들 때의 용도가 분명히 있으니 꼭 그 용도대로 사용하라고 강력하게 못을 박았다.

얼마 후 동길 씨는 3천만 원에 맞는 국산차를 구입했다. 그리고 그는, 만약 그 통장에 자녀등록금이라는 이름을 붙이지 않고 같은 통장에 돈을 모았다면 분명히 그때에 고민 없이 5천만 원으로 외제 자동차를 샀을 것이라고 고백했다. 용도에 맞게 이름을 붙이고 통장 쪼개기를 해서 용도별로 펀드 통장을 만들어 두면 이름을 붙이지 않았을 때보다 통장을 지켜 내기 쉽다.

이상 살펴본 대로 돈을 모으려면 먼저 '언제 필요한 자금인가?' 또 '무엇에 필요한가?'라는 질문을 하고 용도를 정하는 것이

중요하다. 그리고 단기는 저축으로, 중기는 채권투자로, 장기는 펀드투자를 하여 돈을 모으면 물가상승률을 넘어서는 수익을 얻게 되고 안전하게 목돈을 마련할 수 있다.

4부

신혼부부 내 집 마련 전략

내 집 마련의 로드맵,
신혼 7년 안에
완성한다

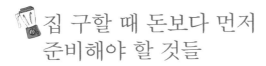

집 구할 때 돈보다 먼저
준비해야 할 것들

신혼집 인테리어를 잘 하면 아기 낳기 싫다?

"센터장님. 생각해 보세요! 인테리어 망가진다고 아기를 안 낳
 겠다는 게 말이 돼요?"
한정우 씨는 답답한 표정으로 말했다.
"내가 언제 인테리어 때문에 아기를 안 낳겠다고 했어? 그리고
 내가 인테리어 할 때는 기껏 가만히 있다가는….'
아내 김미진 씨가 응수를 했다.
"그거야 자기가 좋아서 하는 거니까 내가 안 말린 거지!"
"내가 집 인테리어 하면서 얼마나 힘들었는지 알아? 점심시간
 에 밥도 못 먹고 물건 보러 다니고 또 가격 좋은 데 찾아서 홍

정하고 정말 쓰러질 정도로 힘들었어. 그때 오빠는 회사 일 바쁘다고 신경도 안 쓰고 나한테 다 미뤄 뒀었잖아."

"다 자기가 좋아서 한 거잖아. 난 우리 집 원래 그대로 살아도 아무렇지도 않아. 어차피 집은 들어와서 잠자는 덴데 뭘. 그냥 깨끗하게 해 놓고 살면 되잖아."

"난 대충해 놓고 살기 싫어."

두 사람의 대화가 끝나지 않을 거 같아 내가 끼어들며 물었다.

"아기를 안 낳겠다는 것이 인테리어와 관련이 있나요?"

"그게 아니에요. 인테리어가 문제가 아니라 아파트를 사면서 대출을 낸 게 2억 원이 넘는데 그게 문제죠. 아기를 낳으면 제가 쉴 수도 있는데 대출 원리금이며 생활비를 어떻게 감당해요? 오빠는 이런 상황 다 무시하고 애를 낳자고 하는데 정말 답답해요. 아기를 낳는다고 해도 친정엄마도 일하시고 시어머니는 '난 애 안 본다'고 선언을 하셨어요. 그러면서도 손주를 기다리시니 다 제가 해야 하는 거잖아요. 요즘 애 안 낳고 사는 부부들이 얼마나 많은데요. 제 친구들 중에서도 여럿 있어요."

"나한테 하던 말과 다르게 얘기를 하네. 자기가 분명히 말했잖아. 아기가 생기면 집이 망가질 게 뻔해서 아기 낳기 싫다고. 속마음을 솔직하게 얘기 해. 아기가 좋아? 근사한 인테리어가 있는 집이 좋아?"

"어휴, 기가 막혀서! 오빠 지금 그걸 질문이라고 하는 거야?"

"하하. 지금 상태로는 제가 상담을 할 수가 없겠네요. 일단 두 분께서는 아기를 낳으실 건지 아닌지 합의를 한 후에 오셔야 할 것 같아요."

결국 나는 두 사람의 상담을 다음으로 미룰 수밖에 없었다.

신혼부부의 집은 여러 가지 측면에서 출산과 밀접하다. 한정우 씨 부부는 수도권에서 집값이 4억 원(대출 2억 원)인 오래된 32평 아파트를 산 후, 6,000여만 원을 들여서 리모델링을 했다. 디자이너가 직업인 미진 씨는 세련된 감각으로 오래된 아파트를 새집처럼 예쁘게 꾸몄다. 거실 베란다 문을 없애고 폴딩도어를 달았고, 주방을 확장해서 다이닝룸을 별도로 만들었다. 가구와 가전제품도 모두 최고 좋은 것으로 장만했다. 여느 잡지책에서나 나올 법한 아름다운 집을 꾸몄지만 사실, 그곳에는 맘껏 어지르고 뒹굴 수 있는 아기의 자리는 없었다.

하나님은 아담에게 생육하고 번성하라고 하셨다. 하나님께서 주신 생명을 키우는 일이 얼마나 소중하고 귀한 선물인지, 나도 세 아이를 낳아서 키웠지만 아이가 자라는 것을 지켜보는 것은 내가 이 세상에서 누리는 가장 큰 기쁨이고 행복이었다. 지금도 7세 늦둥이 민하를 보고 있으면 하루의 피로가 싹 사라지는 경험을 하곤 한다. 물론 부모로서 자녀를 키우면서 감당해야 할 삶의 무게는 분명히 있다. 나도 IMF 시절에 아버지 회사의 부도로 수십억 원의 빚을 지고 단칸방에서 두 아이를 키우며 살았다. 큰 아이 희은이는 중증 장애아로 태어나 평생 휠체어에 의지해서 살아야만 했다. 하지만 지금도 아내와 나는 그 때가 힘들긴 했지만 성령충만 했던 것 같다고 회상한다. 하나님께서는 자녀를 통해 아버지의 마음을 알게 하시고 우리를 정금같이 만들어서 풍성한 하나님 나라로 이끄시는 것 같다.

만약 정우 씨가 계속 아이를 원하고 미진 씨는 끝까지 아이를 낳지 않겠다고 하면 어떻게 될까? 두 사람은 그 일을 수면 아래에 둔 채 다른 일로 부딪치다가 어느 날 폭발할 수도 있다. 수천만 원을 들여 꾸민 집에서 마음이 합쳐지지 않고 그 때문에 갈등이 심화된다면 그 인테리어는 안 하느니만 못한 것이 된다. 설사 정우 씨가 미진 씨에게 설득되어 아이를 포기한다고 해도, 마음 한 쪽에는 여전히 해소되지 않은 불만과 아쉬움을 안고 살아가게 될 것이다.

아기가 태어난 후에야 보이는 것들

신혼부부의 삶은 아기가 태어나면서 크게 바뀐다. 그동안 본인들 중심으로 살았던 것에서 아기 중심으로 생활의 중심이 바뀌게 되는 것. 그러나 신혼부부를 상담하다 보면 의외로 아기를 낳겠다는 막연한 생각만 하고 있을 뿐, 아기가 세상에 태어남으로써 부부에게 어떤 변화가 생길지에 대해서는 아무것도 모르는 경우가 많다.

부부만 살 때는 문제가 되지 않았던 집이라도 아기가 있으면 불편한 집이 될 수 있다. 저녁마다 생활소음이 큰 지역이라든가 음식 냄새, 먼지 등으로 문을 열 수 없는 지역은 아기를 키우기에 적합지 않다. 아기가 아장아장 걸을 때가 돼서야 집 앞에 신호등 없는 찻길이 눈에 들어오고 단지 안에서도 달리는 차가 눈에 들어온다. 물론 치솟는 전셋값 때문에 마음에 드는 집을 찾기가 쉽지는 않겠지만, 아기가 태어날 상황을 고려해서 집을 정하지 않으면 뒤늦게 낭패를 겪을 수도 있다. 만기가 되기 전에 이사를 해야 할 수도 있기 때문이다.

아기가 태어나더라도 그에 비례해서 집의 평수가 커져야 하는 것은 아니다. 아이들에게 집의 크기가 중요하게 와 닿는 시기는 요즘 좀 빨라져서 초등학교 고학년 때부터다. 그 이전까지는 아파트 평수나 방의 크기보다 부모가 자녀와 함께 놀아 주는 시간과 사랑이 더 중요하다. 우리 어린 시절을 생각해 보자. 초등학교 때, 집 평수가 부모님의 사랑과 관심보다 중요했는지. 비록 신자유주의로 인해 경쟁이 격화되었다고 할지라도 기본적인 것은 변하지 않는다.

이런 점들을 고려할 때 신혼 때는 집에 투자할 필요가 없다. 아기가 태어나면서 모든 것이 흐트러지기 때문이다. 멋진 인테리어는 신혼여행 다녀와서 친구들이나 회사 직원들을 집으로 초대했을 때 "와, 집 예쁘다!", "정말 그림처럼 사는구나!"하는 감탄과 부러움을 받을 때 잠깐 으쓱하게 만들어 준다. 물론 신혼 때 잘 꾸며 놓은 집처럼 삶도 아름답기를 바라는 마음도 투영되는 것이긴 하지만 2년 후 전세금이 오르고 아기가 태어나 고품격 가구가 무기처럼 변해 버릴 때가 되면 "내가 왜 그랬던가!"하고 후회를 하기 쉽다. 그래서 신혼집은 작게 시작하고 전세만기와 출산 준비를 하는 것이 현명한 선택이다. 시작을 작게 하면 그만큼 비용이 절감되고 그 절감되는 비용만큼 저축을 해서 앞으로 일어날 상황에 잘 대처할 수 있기 때문이다.

집을 구할 때는 아내 위주로

일반적으로 신혼부부는 남편 직장 근처에 집을 얻고 싶어 한다. 가정경제를 더 많이 책임지는 남편의 시간적, 체력적 소모를 줄여 주기 위함일 것이다. 그런데 이는 긴 안목에서 보지 못한 결정이다. 특히 맞벌이 부부에게 집의 위치는 출산 후 아내의 삶의 질을 결정하는 일차적 요소다. 동선이 짧을수록 아내의 삶이 편해진다.

근래 들어 남자들도 육아에 적극 가담하는 경우가 늘긴 했지만 대체적으로 육아는 남자보다 여자가 담당한다. 남편은 아기가 태어나도 당장 자기 생활에 커다란 변화를 느끼지 못할 수도 있다. 그러나 아내는 다르다. 아내의 입장에서 보면 1인 2역을 소화해야 하는 그야말로 '전쟁 같은' 시간이 시작된다. 아내에게 집은 또 하나의 일터나 다름없다. 아기 돌보기와 직장 일을 동시에 해야 하는 분주한 일상 속에서 집이 멀면 아내의 고통은 그만큼 가중된다. 그러므로 맞벌이 부부일수록 남편이 아닌, 아내의 직장과 집이 가까워야 한다.

아내가 출산 후 휴직을 하는 경우에도 상황은 크게 다르지 않다. 하루 종일 아기와 함께 집에 있는 사람은 남편이 아닌 아내이기 때문에 집은 아내 중심으로 구해야 한다. 아내가 집에서 육아에만 전념할 경우, 더더욱 남편 직장 부근으로 집을 얻는 경우가 많다. 하지만 남편 직장 부근은 상업지역이나 준주거지역일 확률이 높으므로 그만큼 전셋값도 비싸고 육아에 좋지 않은 환경일 가능성이 많다. 그러므로 남편보다는, 아내가 육아를 하기에 좋은 환경에 집을 얻는 것이 현명하다.

부부가 맞벌이를 계속 할 계획이면 아기를 누가 돌봐 줄 것인가도 중요한 변수로 작용한다. 예를 들어 친정 부모님이 육아를 도와 주시기로 했다면 친정 부모님 집과 아내의 직장과 집은 최대한 가까운 것이 좋다. 아기를 어린이집에 맡긴다고 해도 부부가 데려다주고 데려올지, 다른 가족의 도움을 받아야 할지를 미리 정해 두어야 한다. 또 아기가 아플 땐 어떻게 할 것인지에 대한 대책도 있어야 한다. 이런 것이 신혼부부가 집을 정할 때 고려되어야 하는 사항이며 이런 일은 돈으로 해결되지 않는다. 부부가 양육을 도와줄 가족이나 친지와 미리 이야기를 하고 그에 적합한 곳에 집을 구해야 한다.

만약 둘째 출산을 준비하면서 아내가 집에서 쉬게 될 때는 자녀가 초등학교 갈 때를 기준으로 집을 정해야 한다. 길 하나를 건너야 하는지, 두 개를 건너야 하는지, 4차선 도로가 있는지 없는지, 주차장이 지상에 있는지 지하에 있는지도 살펴보아야 할 요소이다. 자녀가 초등학교 1, 2학년 때까지는 학군의 영향을 그다지 받지 않는다. 물론 유치원 때부터 학군을 따지는 강남 부모들도 있지만 대다수는 아니다. 그러나 자녀가 초등학교 고학년(4학년 이후)이 되면 이때는 자녀의 교육 환경을 고려해서 집을 정해야 한다.

교육에 관심이 많은 고객들 중에는 교육 여건이 좋은 곳으로 집을 옮기고 싶어 하는 사람들이 있다. 나는 재정적으로 무리가 되는 경우에는 당연히 말리지만 재정적으로 문제가 없다면 굳이 말리지 않는다. 부모로서 가질 수 있는 마음이기 때문이다. 그러나 그렇게 옮길 때 근본적인 자신의 마음가짐과 믿음을 다시금 점검해 볼 필요는 있다. 내 자녀를 믿음의 다음 세대로 키우는 것보다 좋은 대학에 보내서 높은 연봉의 직장을 얻는 데만 집중하고 있는 건 아닌지, 자녀의 재능이나 미래보다는 나의 욕심으로 자녀를 끌고 가는 건 아닌지 말이다. 이런 결정을 내릴 때 교회 공동체가 중요하다. 같은 방향의 믿음을 가지고 믿음 생활을 하는 공동체는 자칫 세상 가치관에 휩쓸려 떠내려가지 않도록 잡아 주는 역할을 해주기 때문이다.

가끔 강남에서 살 여력이 충분한데도 경기도 외곽 지역으로 나가 자녀와 함께 자연에서 많은 시간을 보내고 믿음의 공동체 생활을 더 귀하게 여기는 사람들을 만날 때가 있다. 한국의 교육 상황을 생각할 때 이런 선택은 굉장한 용기가 필요한 일이다. 강남의 명문학원에서 학창시절부터 쌓아 가는 인적네트워크를 스스로 포기하는 것이기 때문이다. 이 세대가 강조하는 것과는 다른 가치를 추구하는 사람들로 믿음이 아니고서는 설명되지 않는 선택이다.

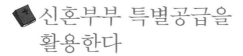

신혼부부 특별공급을 활용한다

신혼부부 내 집 마련의 출발은 "임신"

"센터장님. 요즘 집값이 겁이 날 정도로 오르는데 이제 우리 어떻게 해야 해요? 이렇게 계속 전셋값만 올려 주면서 집도 없이 평생 살게 될까 봐 겁이 나요."

민홍기, 전세영 씨 부부는 무겁고 암담한 표정으로 말했다. 이 것이 어찌 두 사람만의 고민이랴. 현 시대를 살아가는 많은 신혼부부가 안고 있는 문제이기도 하다. 하지만 아무리 어려운 문제라도 포기하지 않고 답을 찾으려고 하면 답이 나온다.

"아뇨. 집 사야죠. 어떻게 평생 전세로 살아요?"

"우리 월급으로는 아무리 절약해서 모아도 집을 살 수 없으니까 그렇죠."

"걱정 마세요. 집을 살 수 있는 방법이 있어요."

"예? 방법이 있다고요? 어떻게요?"

두 사람 얼굴이 갑자기 밝아졌다.

"생각보다 쉬워요. 먼저 아이부터 가지세요."

"네? 아이요?"

홍기 씨와 세영 씨는 당황스런 표정으로 나를 바라보았다.

"우린 아직 아이 계획이 없는데요? 대출 갚을 것도 많고 해서 아이는 천천히 생각하고 있어요."

"아이 가질 생각이 없으시면 집은 포기해야 해요. 내 집 마련은 청약통장에서부터 출발하지만 정부가 지원하는 내집마련 정책은 '아이'에서부터 출발하거든요."

"아이가 그렇게 중요해요?"

"네. 일단 왜 그런지 제가 설명해 드릴 테니까 들어 보고 다시 결정하세요. 자, 먼저 이 자료부터 좀 보세요."

나는 두 사람 앞에 준비한 자료를 내밀었다.

"이게 뭔가요?"

"정부에서 신혼부부에게 공공임대나 분양 때 특별히 주는 혜택들이 있어요. 바로 신혼부부특별공급이에요. 신혼부부특별공급 혜택을 받으려면 필요한 조건들이 있는데, 이게 바로 그

⟨표 1⟩ 국민임대, 공공임대 등 주택 자격 요건

		특징	입주자격	임대조건
국민임대		• 30년 임대/ 분양전환 없음	• 모집 공고일 당시 세대원 모두 무주택자 • 60㎡ 이하 : 전년도 도시근로자 소득 70% 이하 • 60㎡ 초과 : 전년도 도시근로자 소득 100% 이하 • 자산 24,400만 원 자동차 2,545만 원 이하	• 시중 시세 60~80% • 2년 재계약 • 인상률 5% 이하
공 공 임 대	5년 (10년) 공공 임대	• 5년, 10년 임대기간 완료후 입주자에게 우선 분양전환	• 모집 공고일 당시 해당 주택 건설지 거주자로 무주택 구성원/청약통장 가입자(85㎡ 이하) • 85㎡ 이상은 무주택 구성원/ 청약 가입자 • 자산 21,550만 원 이하 자동차 2,767만 원 이하	• 5년, 10년 임대기간 동안 물가상승률 감안한 인상 있음 • 5년 : (건축원가+시세)/2 • 10년 : 주변시세 80~90% 적용
	10년 분납 임대	• 입주시 30% 나머지 10년 동안 분납	• 5년(10년) 공공임대와 동일 조건	• 계약시 30%/입주 4년 20%/입주 8년 20%/ 10년 30%
장기전세		• 2년마다 전세계약 방식 임대주택 (최장 20년)	• 69㎡ 이하 : 전년도 도시근로자 소득 100%이하, 500만 원 • 60㎡ 이상 85㎡이하 : 전년도 도시근로자 소득 120% 이하, 600만 원 • 자산 21,550만 원 이하 자동차 2,767만 원 이하	• 근처 2~3 단지 평균 전세 가격의 80%로 책정 • 2년 재계약 시 5% 미만 상승
신혼부부 전세임대		• 2년마다 전세계약 방식 임대주택 (최장 20년) • 공공택지가 아니라 기존 빌라, 아파트, 다세대 모두 가능	• 신혼부부 도시근로자 소득 50% 이하(250만 원)	• 서울 1억2천만 원/수도권 9,500만 원 • 보증금 5% : 600만 원 • 이자 : 4천만 원 이하 1% • 4천~6천만 원 이하 : 1.5% • 6천만 원 이상 2%-월 19만 원
신혼부부 특별공급			• 일반 분양 20%/ 공공분양 30% • 1순위 : 임신, 결혼 7년 이내 • 2순위 : 자녀없이 결혼 7년 1순위 내 경쟁시 가점 1. 가구소득 : 도시근로자 50% 이하, 1점 2. 자녀수 : 1명(1점), 2명(2점), 3명(3점) 3. 해당주택 건설지역 거주기간 : 1년미만 1점, 1~3년 미만, 2점, 3년 이상 : 3점 4. 청약 납입횟수 : 6~12회 미만 1점, 12회~24회 미만 2점, 24회 이상 3점 5. 혼인기간 : 5년~7년 미만 1점, 3년 초과 5년 이내 2점, 3년 이내 3점	

※ 지역에 따라 주택도시기금과 LH가 출자한 리츠(공공임대 개발전문 위탁관리 부동산 투자회사)가 사업시행하는 공공임대주택리츠는 청약저축 가입여부, 과거당첨 사실여부, 소득기준 및 자산기준 충족여부는 불문한다. 입주시까지 무주택자 세대 구성원(만 19세 이상) 요건을 충족하기만 하면 되므로 해당지역 모집공고문을 잘 살펴보아야한다.

내용이에요."

"아, 그렇군요! 저흰 이런 게 있는 줄도 몰랐어요."

"네. 아마 신혼부부들 중에서 이런 혜택을 잘 모르는 분들이
많을 거예요. 찾아보면 좋은 혜택들이 많고 또 그 혜택을 잘
활용하면 충분히 내 집을 마련할 수 있어요. 첫번째 자격요건
은 세대원 전부가 무주택자여야 한다는 겁니다. 만약 집이 있
는 부모님을 모시고 있고 주민등본에 함께 있다면 주택이 있

"신혼부부 특별공급이란?

주택건설사업 주체인 민간건설사와 LH공사, SH공사 등이 주택을 분양할 때, 조건이 충족된
신혼부부 세대에게 건설주택의 20~30% 범위에서 특별히 공급하는 것이 신혼부부 특별공급
이다. 그 기준은 다음과 같다(60㎡~85㎡ 이하의 공공건설임대주택을 공급하는 경우).

입주자 모집공고일 기준 혼인기간이 7년 이내인 무주택 세대주로서, 해당 세대의 월평균 소
득이 전년도 도시근로자 가구당 월평균소득의 120% 이하라야 하고, 배우자 소득이 있는 경
우는 130% 이하라야 한다. 소득은 원천징수영수증상의 소득으로 자영업자들의 경우 매출액
이 아닌 기준경비율이 빠진 금액이다.

현재 정부의 신혼부부 주거안정 주택마련 정책 로드맵은 신혼부부에게 매우 중요한 정보로
다음과 같다.

1. 신혼 특화형 공공임대 20만호를 공급한다.
2. 신혼 희망타운(분양형) 7만호를 공급한다.
3. 특별 공급을 2배 확대한다. (공공은 15%→30%, 민영은 10%→20%로 확대한다)
4. 전용 구입, 전세자금 대출을 도입한다. (최저금리는 매매 1.2%, 전세 1.7%)

는 부모님과 세대 분리를 해야 하는 거죠."

"아, 생각만 해도 꿈만 같아요. 우리가 집을 가질 수 있다니!"

"제가 먼저 권해 드리는 것은 나라에서 공급하는 임대주택에 들어가는 거예요."

"네? 임대주택이요? 그건 별로 생각 안 해 봤는데요."

두 사람의 표정이 갑자기 어두워졌다. 임대주택에 대한 일반적인 선입견 때문인 것 같았다.

안타깝게도 임대주택이 갖는 특장점을 모르는 신혼부부들이 의외로 많다. 일단 임대주택에 들어가면 주거비가 많이 절약이 된다. 시중 시세보다 보증금과 월세도 훨씬 싸고 만기가 돼도 인상률이 5% 이하이므로 보증금이 오를 것을 걱정하지 않아도 된다. 전세임대주택 같은 경우는 서울 1억2천만 원, 수도권 9천5백만 원을 지원하고 전세금이 1억5천만 원이라고 해도 2년에 5%가 오르니까 750만 원 정도의 인상분만 준비하면 된다.

"국민임대주택은 보증금이 비싸지 않아 만기가 되어도 몇 백만원의 보증금만 준비하면 되고 전세임대주택에 입주해도 한 달에 30만 원 정도만 저축하면 걱정 끝이에요. 2년 마다 이사하지 않아도 되고요. 이렇게 좋은 걸 왜 안 하겠어요?"

"와, 진짜 부담이 적어서 좋네요. 이렇게 저렴한지는 몰랐어요."

"그렇죠. 그래서 경쟁률이 높아요. 국민임대주택에 신혼부부가 들어갈 수 있는 기본 조건은 바로 임신이에요. 결혼만 갖고는 안 돼요. 어차피 아이를 가질 생각이면 이런 혜택을 받을 수 있는 기간에 갖는 게 유리하죠."

신혼부부특별공급 1순위는 혼인신고를 한 지 7년 이내의 신혼부부로서 자녀가 있는 자이다. 물론 임신한 경우도 자녀로 인정된다. 2순위는 결혼 7년 이내로 자녀가 없는 자이다. 1순위와 2순위가 자녀로 결정된다. 임대주택 신청은 대부분 1순위에서 마감이 되고 2순위로 넘어가는 경우가 거의 없다. 그러므로 어떻게 해서든 1순위 안에 들어야 당첨이 될 수 있다. 사실 정부주택정책의 주안점이 청년들의 결혼과 출산장려 정책이어서 자녀가 있어야 혜택이 커진다.

그럼 임신을 하거나 아이만 있으면 다 되나요?"
"하하, 물론 그건 아니죠. 아이가 있으면 1순위에 들 수 있다는 거죠. 1순위 안에서의 경쟁률도 2대1이나 3대1이거든요. 이때 다섯 개의 기준으로 가점이 정해져요."
"그런 것도 있어요? 내 집을 마련하려면 배울 게 많군요."
"네, 부모님께 물려받은 돈 없이 내 힘으로 내 집 마련을 하려면 정부정책을 활용하는 게 가장 좋은데 수시로 바뀌니 공부를 해야 하죠. 이런 공부하는 건 돈 버는 것과 같아요."

1순위 내 경쟁 시 당락을 좌우하는 다섯 가지 기준

최근에 신혼부부를 위한 특별공급이 15%에서 30%로 늘어났다. 즉 아파트 1,000세대를 짓는다고 하면 300세대는 신혼부부 몫인 것이다. 굉장히 큰 혜택이다. 문제는 보통 300세대를 모집하면 600세대 이상이 몰려서 2대1이나 3대1의 경쟁률을 뚫어야 한다는 것이다. 그래서 전략이 필요하다. 이때 당락을 결정짓는 것이 바로 가점(加點)이다.

다섯 가지의 가점 기준은 다음과 같다.

1. 가구소득

가구소득이 도시근로자 평균 소득의 120%(외벌이)와 130%(맞벌이)까지가 청약자격이다. 2018년도 기준으로 도시근로자 평균 소득은 3인 이하 가구일 때 월 500만 원이다. 소득기준에 따르면 외벌이는 120%인 600만 원까지, 맞벌이는 130%인 650만 원까지 청약을 넣을 수 있다. 만약 평균소득의 50% 이하라면 가점 1점을 준다. 월 소득이 250만 원 이하라면 가점 1점을 받을 수 있다는 말이다. 외벌이든 맞벌이든 신혼부부 가정의 소득이 50% 미만인 경우가 드물어 이 항목에서 가산점을 받기는 어렵다.

소득을 계산하는 방법은 원천징수영수증에 나와 있는 총소득

<표 2> 2018년 전년도 도시근로자 월평균 소득 기준 표

(단위 : 원)

가족구성원	월평균 소득	외벌이 시 120% 까지	맞벌이 시 130% 까지
3인 이하 가구	5,002,590	6,008,108	6,503,367
4인 가구	5,846,903	7,016,284	7,600,974
5인 가구	5,846,903	7,016,284	7,600,974

중 비 급여소득(유류비, 식대, 운동지원비)을 제외한 총 급여를 12개월로 나누면 된다. 자영업을 하고 있는 경우 사업소득은 소득금액증명원으로 결정되는데 총 매출에서 기준경비율 75%를 제하기 때문에 일반 직장인보다 유리할 수도 있다. 예를 들어 연 매출액이 1억 원일 때 기준경비율 75%를 제하면 월 250만 원 정도만 소득으로 잡힌다.

2. 자녀수

자녀수는 한 명이면 1점, 두 명이면 2점, 세 명이면 3점의 가산점을 준다. 신혼부부 특별공급은 무조건 한 자녀 이상이 되어야 1순위가 된다. 그러므로 결혼 후 3년 이내에(임신포함) 자녀 두 명이면 동일 순위 경쟁에서 유리한 입지를 차지하게 되어 당첨될 가능성이 아주 크다. 1점 차이로 당락이 결정되는 경우가 많기 때문이다.

3. 해당주택 건설지역 거주기간

해당주택 건설지역 거주기간은 매우 중요하다. 보통 3년 이상이면 3점을 주는데 거주기간에서 당락이 갈리는 경우가 아주 많다. 간혹 신혼부부 중에서 이 항목을 제대로 인지하지 못해서 아쉽게 당첨이 안 되는 경우가 있다. 고객 중에 신청한 지역에서 8년 동안 살았는데 주소를 늦게 옮기는 바람에 거주기간이 2년밖에 적용이 안 돼 떨어졌다. 그러므로 집을 장만하려면 장기적으로 내가 어디에서 살 것인지를 정한 후, 미리 그 지역에서 3년 이상 살아 3점의 가점을 딴다면 당첨확률이 높아진다. 거주기간 1년 미만은 1점, 1~3년 미만은 2점이다.

4. 청약 납입횟수

청약통장에 가입한 년도보다 매월 1~2만 원이라도 청약통장에 청약금을 불입한 횟수가 더 중요하다. 간혹 청약통장에 6개월 정도 청약금을 불입하고 나서 청약 조건이 만족되면 중지하는 사람들이 있다. 물론 가입 후 6개월 이후부터 청약 통장을 이용할 수는 있지만, 매월 꾸준히 불입해야 청약 납입횟수에 따른 가산점 3점(24개월)을 확보할 수 있다. 청약 납입 횟수에서는 대부분 가산점 3점을 받는다.

5. 혼인기간

혼인기간은 3년 이내가 가장 높은 3점이다. 그러므로 갓 결혼한 신혼부부일수록 더욱 유리하다. 3~5년 이내는 2점, 5~7년은 1점이다.

신혼부부의 평균 가산점은 7~8점이다. 구체적인 내용을 보면 보통 자녀수 1명으로 1점을 따고 해당 지역 거주기간 2년 이상으로 2점, 청약 납입횟수 2년 이상 3점, 혼인 기간 3~5년 이내 2점으로 8점이 가장 많다. 당첨되는 신혼부부의 점수를 보면 혼인기간 3년 이내 3점, 자녀 두 명 2점, 해당 지역 거주기간 3년 이상 3점, 청약 납입횟수 3점으로 11점을 확보한다. 결혼 5년 이내에 자녀 두 명을 출산하면 10점이 되는데, 10점만 넘어가도 안정권이

〈표 3〉 가점 정리표

분류	기준	점수
1. 가구 소득	도시근로자 평균소득의 50% 미만	1점
2. 자녀 수(임신포함)	1명 2명 3명	1점 2점 3점
3. 해당지역 거주기간	1년 미만 1년~3년 미만 3년 이상	1점 2점 3점
4. 청약 납입횟수	6~12회 13~23회 24회 이상	1점 2점 3점
5. 혼인기간	~3년 이내 3~5년 5~7년	3점 2점 1점

라고 볼 수 있다. 만약 자녀를 두 명 정도 둘 계획이 있는 신혼부부라면, 결혼 5년 이내에 자녀 두 명을 출산하고 해당 지역에서 3년간 거주하게 되면 신혼부부특별공급 경쟁에서 매우 유리해질 것이다.

"아, 그래서 저희한테 아이부터 가지라고 말씀하신 거군요. 이제 이해가 됐어요. 하하."

"네. 맞아요. 시간이 지날수록 점수가 떨어지거든요. 평균적으로 신혼부부 점수는 가구소득에서 0점, 자녀수 1점, 거주기간 1~2점, 청약 납입횟수는 보통 3점 받아요. 그래서 전체 6점을 받는 거죠. 거기서 만약 결혼한 지 2년이라고 하면 9점으로 껑충 올라가는 거죠."

"그러네요. 빨리 임신하는 게 돈 버는 거네요. 자기야. 우리 오늘부터 당장 아기 만드는데 최선을 다하자."

홍기 씨가 짓궂게 말하자 세영 씨가 난감해 했다.

"오빠! 센터장님 앞에서 진짜 왜 그래?"

"하하. 괜찮아요. 두 분한테 빠른 시일 안에 좋은 소식이 있기를 바래요."

신혼부부 내 집 마련, 공공분양 청약으로

공공분양 청약 실제로 따라해 보기

"센터장님. 그럼 집은 언제 살 수 있는 건가요? 임대주택에 들 어가면 들어갈 때 싸게 들어가긴 하지만 거긴 어차피 내 집이 아니잖아요."

"네. 맞아요. 평생 임대주택에 살라는 게 아니에요. 임대주택 은 집을 마련하기 위한 베이스캠프라고 생각하시면 돼요. 이 기간 동안 최대한 주거비용을 줄이고 돈을 모아서 내 집 마련 전략을 세우는 거죠."

임대와 분양은 분리되어 있어서 임대주택에 살면서도 공공분

양에 청약을 할 수 있다. 공공임대는 5~10년 뒤 분양되는 주택이라 분양에 속한다. 그런데 공공분양에 한 번 당첨되면 계약을 포기해도 3년 동안 다시 청약할 수 없으니 신혼부부특별공급으로집을 살 때는 신중해야 한다(일정기간 경과 후 분양 전환 되는 임대주택은 포함하되, 투기과열지구 및 청약과열지역이 아닌 지역에서 공급되는 민영주택은 제외). 특히 거주지를 잘 선택해야 한다. 내 삶의 터전과 동떨어진곳에 당첨되면 소용이 없다. 또한 공공분양에 당첨되면 기본 거주기간이 3년이라 무조건 거주기간을 채워야 해서 이러지도 저러지도 못할 수 있기 때문이다.

공공분양으로 내 집을 마련하기 위해선 관심 지역 공고문이뜨면 무조건 신청을 해보는 것이 좋다. 간혹 거주하고 있는 집의전세 만기 때까지 기다리는 경우가 있는데 전세 만기 전이라도 부동산 중개료와 이사 비용을 지불할 생각을 하고 신청하는 것이 낫다. 혹 임대주택에 거주하고 있다면 계약기간 이내라도 한 달 전에만 알려 주면 된다. 이런 공공임대 및 분양에 관한 정보는 내 집이 없는 부모님께도 요긴하다. 임대주택과 공공분양을 통해서 부모님의 집을 장만하면 부모님 노후는 물론이고 신혼부부의 부담도 덜어지기 때문이다.

"꼭 공공분양을 목표로 해야 하나요? 민영 아파트 분양도 있잖아요."

"민영에 들어가는 건 신혼부부로서는 아주 힘들어요."

공공분양과 민영 아파트는 집값의 차이가 커서 신혼부부에게 는 재정적으로 무리가 된다. 게다가 가점이나 추첨에서도 중년층 에 밀리기 때문에 당첨될 확률이 낮다.

"공공임대는 몇 평짜리를 신청하는 게 좋을까요?"

신혼부부가 5년이나 10년 뒤 분양을 받는 공공 임대나 공공 분양 주택의 크기는 $59m^2$(25평)나 $74m^2$(29평)가 적당하다. 나는 주 로 신혼부부들에게 $74m^2$를 권유한다. 장기적으로 보면 자녀를 키 우면서 안정적으로 살 수 있는 공간이 필요하기 때문이다.

"청약은 구체적으로 어떻게 하면 되나요?"

청약준비를 하기에 앞서 꼭 알아 둬야 할 정보 중에 하나가 청 약 홈페이지인 아파트투유닷컴(apt2you.com)이다. 이 인터넷 사이 트가 중요한 이유는 모든 청약은 물론, 당첨 여부까지도 알 수 있 기 때문이다. 그리고 내가 청약통장을 언제 만들었는지도 알 수 있고 청약가점은 얼마나 되는지 스스로 계산해 볼 수도 있기 때문 이다.

그 다음은 LH공사와 SH공사 인터넷 사이트에 들어가서 임대

주택과 분양주택에 대해 공부하는 것이다. 제일 좋은 공부는 관심지역의 분양공고문과 장기전세 공고문을 출력해서 집중적으로 내용을 파악하는 것이다. 처음에는 무슨 소리인지 모를 수도 있으나 여러 번 읽다 보면 이해가 된다. 2~3가지 정도의 공고문을 잘 읽고 나면 도시근로자생애최초, 신혼부부특별공급 등 자신에게 유리한 조건이 어느 쪽인지 어디에 청약 신청을 해야 하는지 알 수 있게 된다.

공부를 한 후에는 실제로 아파트투유닷컴(apt2you.com) 인터넷 홈페이지에 들어가서 순서대로 청약신청을 해보는 실전연습이 필요하다. 단 마지막 순간에 신청버튼은 클릭하지 말아야 한다. 실수로 신청버튼을 눌러 당첨된 후 포기하게 되면 3년 동안 자격이 박탈되기 때문이다. 미리 신청 연습을 해 보는 것이 중요한 이유는 막상 분양공고가 나서 청약 신청을 할 때 다급한 마음에 중요한 사항을 놓칠 수 있기 때문이다. 청약 신청은 현장에 가서 하기보다 인터넷으로 하는 것이 편리하고 인터넷으로만 되는 청약이 가능한 경우가 점점 많아지고 있다.

"휴, 청약에 당첨되려면 기본적으로 알아야 할 것들이 진짜 많네요."
"맞아요. 정확한 정보와 전략이 필요해요. 하남시 미사지구에 입주가 시작될 때 주위 사람 중 열두 가정이 제 조언을 받아서 임대주택이나 공공분양에 청약해서 당첨됐어요."

"정말요? 어떻게 그렇게 많이 된 거예요?"

"아, 제가 무슨 큰 힘이 있거나 묘수가 있어서 그렇게 된 게 아니에요. 정확한 정보와 전략의 힘이었어요. 청약할 때 놓치기 쉬운 정보들이 있어요. 예를 들면 자동차 같은 거예요."

"예? 자동차가 왜요?"

"자동차 가액이 자격요건 중에 하나거든요. 공공임대에 신청을 하려면 소유 자동차가 2,767만 원 이하라야 해요."

"와, 그런 게 있어요? 생각도 못했네요."

"네. 그래서 영문도 모른 채 떨어진 분들이 많아요. 제 고객 중에도 가점이 높은 분이 있었는데 별 생각 없이 청약 전에 중형자동차를 샀다가 낭패를 봤어요. 그 분 자동차 가액이 2,900만 원으로 나와서 130만 원 정도 차이로 아깝게 청약할 기회를 놓친 거예요. 이게 바로 정보의 힘이에요. 그분도 이런 사실을 미리 알았다면 당연히 자동차를 처분하든가 더 저렴한 자동차로 바꿨겠죠."

"그렇군요. 참, 여기 공공임대와 분납임대가 있는데, 이건 뭔가요?"

"분양 전환할 때 돈을 내는 방식이에요."

공공임대는 임대기간 완료 후 입주자에게 우선적으로 분양 전환하는 주택이다. 분양 금액은 10년 후에 주변시세의 80~90%를 적용해서 한꺼번에 내는 공공임대 방식이 있는데 입주자에게 부

담이 될 수 있다. 분납임대는 계약 시 30%, 입주 4년과 8년 차에 각각 20%를 내고 10년 후에 30%를 내는 방식이라서 공공임대보다는 부담이 덜하다.

내 집 마련엔 외벌이가 더 유리할 수 있다

"당장 국민임대주택에 들어갈 수 없는 경우에는 다른 방법이 없나요?"

"신혼부부 전세임대도 있어요. 국민임대주택은 건설되는 지역으로 가서 살아야 하지만 전세임대는 위치에 상관없이 어디든 가능하고 아파트, 빌라, 다세대 모두 되거든요. 서울은 1억2천만 원까지 지원되고, 수도권은 9,500만 원까지 지원이 돼요."

"아, 좋은 혜택이네요. 그럼 그것도 자격 요건이 있겠네요? 어떻게 들어갈 수 있나요?"

"물론이죠. 전세임대는 소득이 얼마인지가 제일 중요해요. 전세임대의 자격요건은 신혼부부 도시근로자 평균소득의 50% 이하로서 대략 250만 원 정도예요. 만약 거주하다가 나중에라도 소득이 도시근로자의 70%가 넘어가면 이자 할증이 붙어요. 그리고 103%가 넘어가면 2년 후 재계약이 불가능하게 돼요."

"맞벌이하는 부부라면 월 소득이 250만 원이 안 되는 사람은 별로 없을 텐데요."

"그래서 신혼부부가 내 집 마련을 할 때는 여러 가지 면에서
　외벌이가 더 유리해요."

"예? 외벌이가 더 유리하다고요? 말도 안 돼요! 외벌이로 어떻
　게 돈을 모아요?"

"그 이유를 설명해 드릴게요."

　신혼부부를 위한 공공분양과 임대주택 혜택은 청약자의 소득
과 관계가 있다. 맞벌이로 소득이 700만 원이 넘어가면 자격요건
에 걸려서 정부 정책의 혜택을 전혀 받지 못한다. 그렇게 되면 온
전히 자신의 저축이나 대출에만 의지해서 집을 사야 하는데 치솟
는 집값 때문에 현실적으로 보면 그 방법이 더 어렵게 보인다.

　그러므로 내 집 마련을 원하는 신혼부부라면 외벌이에 대한
관점을 바꿀 필요가 있다. 남편 혼자 벌어서는 도저히 생활이 유
지가 되지 않을 거라는 압박감 때문에 아내가 직장을 그만두지 못
하는데 외벌이가 되면 소득도 줄고 둘째를 낳을 마음을 먹기가 쉬
워져 정부 주택정책의 혜택을 톡톡히 누릴 수 있다. 두 명의 자녀
가 있는 신혼부부가 해당 거주지에서 3년 이상 살게 되면 신혼부
부특별공급에 거의 당첨되기 때문이다.

　맞벌이를 하면 외벌이보다 대략 연 3천만 원 정도 수입이 증가
하는데, 외벌이로 자녀 둘을 낳아서 공공분양으로 집을 장만할 수

있다면 내 돈으로 집을 장만할 경우보다 2~3억 원은 더 버는 셈이 된다. 따지고 보면 이것이 훨씬 더 이익이다.

민영주택을 신청하려면?

신혼부부 소득이 도시근로자 소득의 130%가 넘는 경우도 많은데 이때는 어떻게 할까? 부부 합산 세전 소득이 8,500만 원이 넘는 경우다. 이 경우에는 아예 공공분양이 어려워 민영주택을 알아보아야 한다. 2018년 12월 11일 이후 새롭게 시행되는 주택 공급 개정안 중 민영주택 부분을 살펴보자. 새로이 시행되는 개정안의 핵심은 "무주택자 우선"이며 6가지 내용으로 되어있다.

〈표 4〉 민영주택 가점제·추첨제 적용비율

구 분	85㎡ 이하		85㎡ 초과	
	가점제	추첨제	가점제	추첨제
수동권 공공택지	100%	-	가점제 50% 이하에서 지자체가 결정	
투기과열지구	100%	-	50%	50%
청약과열지역	75%	25%	30%	70%
기타 지역	가점제 40% 이하에서 지자체가 결정		-	100%

※ 가점제(만점 84점) : 무주택기간 32점, 부양가족 35점, 저축기간 17점

1. 무주택자 중심 청약 제도 개편 - 추첨제 물량 75% 무주택
   자 우선 배정

2018년 12월 11일부터 시행되는 새 주택 공급 개정안은 무주택자와 유주택자 간의 구분을 극명히 해 실제 무주택자의 배정 기회를 높였다. 앞으로는 수도권 공공택지와 투기과열지구 내 분양 아파트의 경우 '추첨제' 물량 중 75%가 무주택자에게 우선 배정되며, 나머지 25%도 무주택자와 기존 집을 처분하기로 한 1주택자 사이에서 입주자가 결정된다. 과거에는 유주택자도 $85m^2$ 초과 물건에 대한 추첨제 분양이 당첨되는 경우가 많았지만, 이번에 개편된 제도로 인해 유주택자의 당첨 기회는 상당히 줄어들게 된 것이다

반대로 무주택자는 기회가 늘어났다. 서울 등 투기과열지구에서는 가점이 최소 60점 이상은 돼야 당첨되기 때문에, 무주택자라 할지라도 부양가족 등의 가점 수가 적은 젊은 무주택자는 가점제 분양에서 당첨이 쉽지 않았다. 그러나 이제 $85m^2$ 초과 물건에 대해서도 무주택자에게 우선권이 돌아가게 되었다. 이에 따라 무주택 청약자는 가점제로 1회 신청하고, 여기서 떨어지면 무주택자끼리 추첨제 물량 75% 안에서 두 번째 추첨기회를 얻고 여기서도 낙첨되면 마지막으로 1주택자와 통합해 3번째로 추첨 기회를 얻게 됨으로써 매우 유리해졌다.

2. 아파트 분양권 및 조합원 입주권도 유주택으로 간주

앞으로는 아파트 분양권과 입주권 소유자도 유주택자로 간주한다. 기존에는 청약에 당첨돼서 분양을 받은 사람들은 소유권 이전 등기 전까지는 무주택자로 간주했는데, 앞으로는 청약에 성공해 당첨된 경우 분양 계약을 체결하면 주택을 소유한 것으로 간주하며, 재건축 및 재개발의 경우 조합원이 관리처분을 받은 후 입주권을 보유한 상태도 유주택자로 간주한다. 또 분양권, 입주권을 매수한 경우에도 잔금을 완납하는 날부터 주택을 소유한 것으로 보고 무주택자 가점제에서 제외된다.

3. 투기 방지를 위한 신혼부부 특별공급 대상의 무주택 요건 강화

신혼(7년) 기간 중 주택을 소유한 적이 있다면 특별공급 대상에서 제외되는 규정도 새롭게 신설되었다. 보유하고 있던 집을 팔고 청약 전 무주택 상태가 된 후 신혼부부 특별공급에 청약하는 경우를 사전에 막는 조치인데 과거 신혼부부를 위한 특별공급에 신청할 경우, 입주자 모집 공고일 현재 무주택자라면 신혼부부 특별공급 자격이 있었지만, 앞으로는 신혼 기간 7년 이내 무주택 요건을 충족해야 한다

그 외 사항은 다음과 같다.
4. 주택 보유 부양가족의 가점 부여 제외

5. 청약 당첨된 1주택자, 입주 후 6개월 내 기존 주택 미처분 시 징역 또는 벌금
6. 전매 제한 기간 3년~최대 8년으로 연장이 변경되었다

이처럼 많은 내용이 개편된 주택청약 시장에서 예비 청약자들은 어떤 점을 주의해야 할까? 먼저 무주택자라면 신혼부부 특별공급을 비롯해 청약의 기회가 많아진 만큼 신중하게 살펴보고 나에게 잘 맞는 곳에 청약통장을 사용해야 한다. 전매 제한과 거주 의무 기간이 길어진 만큼 향후 가족계획이나 근무지 출퇴근 등의 주거 여건을 잘 고려해야 하는 것이다. 가점이 낮고 경제적 여력이 있는 젊은 가구주라면, 무주택자 추첨 비율이 높아진 전용 85m^2 초과분을 공략하는 편이 당첨의 기회를 높일 수 있다는 점을 기억하자.

내 집 마련 시 조심해야할 분들(?)

내 집 마련을 할 때 특별히 조심해야 할 사람들이 있다. 바로 일부 부동산 업체와 부모님이다. 부동산 업체는 가지고 있는 전세금에 조금만 더 대출을 내서 집을 사라고 권유한다. 그들의 권유에 휩쓸려서 계획 없이 집을 사면 후회하기 십상이다. 이자 등 뒷감당은 본인들이 해야 하기 때문이다. 그 다음은 부모님의 권유

다. 부모님은 자녀가 집을 사는 것을 원하고 종용하기까지 한다. 물론 부모님의 권유가 틀린 것만은 아니다. 부모님 세대 때는 빚을 내서라도 집을 사 놓으면 무조건 돈을 벌었기 때문이다. 부모님 시각으로 볼 때 부동산은 불패의 자산이었다. 하지만 그런 방식이 언제까지 가능할지는 알 수 없다.

부동산 불패 신화를 믿고 무조건 집을 사 두어야 한다는 생각에 사로잡힌 부모님으로 인해 어려움을 겪는 가정도 많다. 고객 중에 결혼한 지 1년밖에 안 된 한명식 씨는 신혼부부특별공급으로 청약을 하고 싶었지만 할 수 없었다. 전세자금 대출도 받을 수 없고, 정부가 제공하는 모든 신혼부부 혜택에서 완전히 제외됐다. 부모님이 명식 씨가 미혼일 때 명식 씨 명의로 변두리에 작고 허름한 빌라를 사 놓았기 때문이다. 재건축이 될 것이라는 소문을 믿고서. 명식 씨는 직장 때문에 그 집에 들어가서 살 수 없는 상황이었지만 유주택자가 되어 버려 어떤 혜택도 받을 수 없었다. 이 일로 명식 씨 부부는 잦은 부부싸움을 하게 되었다. 나는 명식 씨에게 부모님과 대화를 해서 집을 정리하도록 권유했다.

명식 씨 같은 경우 재건축이 돼서 높은 투자수익이 기대가 되는 지역이라면 모르지만 그렇지 않다면 빠른 시일 안에 집을 처분하는 것이 좋다. 특히 신혼부부특별분양을 받을 수 있는 7년 안에 정리해서 특별공급의 혜택을 받을 수 있도록 해야 나중에 후회가 없다. 지금은 신혼부부가 집을 장만하기에 매우 유리한 시기다. 이번 정부가 서민주거안정 로드맵을 만들어 적극적으로 지원하고 있기 때문이다. 자녀가 두 명인 신혼부부에게는 전세자금 대출이 1억1,000만 원까지 가능하다.

　앞으로 정부의 주택 정책은 다주택자들에게는 불리하게 작용할 것이다. 또한 국제 금리까지 오르고 있는 추세라서 대출이자가 점점 부담스러워져 갭 투자 등은 자취를 감추게 될 것이다. 그리고 수도권 지역에 조만간 113만호가 건설된다. 이렇게 되면 강남 한복판이 아닌 아파트 값은 떨어질 가능성이 높다. 부동산 불패신화를 믿고 있는 부모님으로부터 독립을 해야 한다.

　크리스천의 가장 큰 힘은 자족하며 하나님이 주신 것에 감사하는 마음이 아닐까 싶다. 이 세상의 모든 악과 불행은 에덴동산에서 아담과 하와가 그랬듯이 자신이 가진 것에 만족하지 못하고 다른 것에 욕심을 내면서부터 시작된다. 열심히 아끼고 저축해서 임대주택을 거쳐 소박하게 내 집을 마련하는 과정은 이스라엘 백성의 광야에서의 삶처럼 고단할 수도 있다. 하지만 그 안에는 하나님이 베풀어 주시는 충만한 평안과 세상에 휘둘리지 않고 살아가는 세상을 이기는 힘이 만들어진다.

맞벌이를 하면 외벌이보다
대략 연 3천만 원 정도 수입이 증가하는데,
외벌이로 자녀 둘을 낳아서
공공분양으로 집을 장만할 수 있다면
내 돈으로 집을 장만할 경우보다
2~3억 원은 더 버는 셈이 된다.
따지고 보면 이것이 훨씬 더 이익이다.

5부

신혼부부 보험 전략

보험으로
저축하지
말자

세액공제의 덫, 연금저축보험

신혼에는 묶이는 돈은 피해야

저축을 열심히 하는 것 같은데 돈이 잘 안 모여요. 그래서 고정비용을 좀 줄이고 싶은데 아무리 살펴봐도 더 이상 줄일 데는 없고, 무슨 방법이 없을까요?"

박지호 씨와 김신영 씨 부부가 고민스런 얼굴로 말했다. 상담을 하다 보면 이런 경우를 많이 접하게 된다. 이때는 우선 보험을 살펴볼 필요가 있다. 고정비용의 큰 부분을 담당하는 것이 보험이기 때문이다. 나는 두 사람의 재무 자료를 살펴보았다. 역시나 예상이 적중했다.

"두 분 다 연금저축보험이 있네요."

"네. 그거야 처음 직장생활 시작하면서부터 소득공제 받으려
고 바로 들었죠."

"그건 우리 노후를 위해서라도 절대로 해약하면 안 되는 거잖
아요."

"네. 그렇긴 한데 두 분 다 갖고 있을 필요는 없어요. 그리고 해
약 안 하고도 줄이는 방법이 있어요."

"네? 어떻게요?"

"제가 이제부터 설명해 드릴게요."

두 사람이 연금저축보험에 가입한 것은 아주 자연스러운 일이
다. 연금저축보험은 워낙 세액공제(이전엔 소득공제였는데 몇 년 전에 세
액공제로 바뀌었다) 혜택이 커서 직장인이라면 누구나 가장 먼저 가
입해야 하는 저축보험 1호로 알려져 있기 때문이다. 연말정산 때
연간 400만 원을 불입하면 연봉 5,500만 원 이상은 본인이 낸 세
금의 13.2%, 5,500만 원 이하는 16.5%를 돌려준다.

박지호 씨의 월소득은 350만 원, 김신영 씨의 월소득은 250만
원, 두 사람의 한 달 수입은 600만 원이다. 적은 금액은 아니다. 현
재 두 사람은 3억 원의 전셋집에 살고 있으며 1억2천만 원의 대
출금이 있다. 한 달에 약 400만 원을 지출하고 200만 원을 저축하
고 있다. 그런데 이 200만 원 중에 연금저축보험이 각각 33만 원
씩 66만 원이나 된다. 두 사람 모두 가입한지 6년이 되어 한 사람

당 저축액이 2,500여만 원이다. 즉 두 사람의 연금저축보험통장에는 이미 5,000만 원이라는 돈이 저축이 되어 있고 매달 66만원이 더 모인다. 그런데 이 돈은 안타깝게도 55세까지 한 푼도 쓸 수가 없다.

만약 두 사람이 지금 해약한다면 어떤 일이 일어날까? 지금까지 받았던 세액공제 금액을 모두 토해 내고, 세액은 물론, 원금 기준으로 16.5%의 기타소득세도 내야 한다. 두 사람의 저축액이 5,000만 원이니 기타소득세만 800만 원을 내야 한다. 여기에 세액공제 받은 것과 보험 사업비까지 빠지고 나면 받는 금액은 억울할 정도로 줄어든다. 사실 이 저축은 정책적으로 가입자가 노후까지 가져갈 수 있도록 까다로운 장치를 해 둔 것이니 나쁜 상품이 아니다. 단지 신혼부부 입장에서 보면 안타까운 일이 된다. 그러므로 신혼부부는 저축 상품을 고를 때 결혼해서 어떤 일들이 기다리고 있을지 예측하고 전략적으로 상품을 정해야 한다. 어쨌든 박지호 씨는 연금저축보험에 있는 5,000만 원을 2년 후 오를 전세금이나 대출금을 갚는 데 사용할 수 없다.

고정비용을 늘리는 원인, 보험

그런데 문제가 하나 더 있다. 박지호 씨가 연금저축보험 외에

도 저축보험 30만 원을, 추가로 가입해 둔 것이다. 이렇게 저축보험을 많이 든 것은 결혼을 늦게 했기 때문이다. 간혹 결혼을 일찍한 신혼부부 중에도 부모님이 들어 주신 각종 보험들 때문에 매달 저축을 제대로 못하는 경우도 있다.

결국 두 사람은 그 동안 저축보험료로 90만 원이나 되는 고정비용을 지출하고 있었던 셈이다. 즉 200만 원의 저축 중에서 90만 원이나 되는 돈이 현금화할 수 없는 저축이었다. 연금저축보험은 앞으로 10년 동안 더 불입해야 하고 저축보험은 4년을 더 내야 한다. 두 사람의 상황을 정리해 보면 첫째, 두 사람은 1억2천만 원 대출을 갚을 때 이미 저축된 5천만 원을 쓸 수 없고, 둘째, 매달 고정비용으로 90만 원씩 빠져나가고 있다. 만약 김신영 씨가 출산후 쉰다고 가정하면 250만원의 소득이 없어지니 저축하던 200만원도 사라진다. 저축은커녕 매달 저축보험료 90만 원이 펑크가 나게 된다. 게다가 박지호 씨의 월소득이 350만 원이니 매월 지출금 400만 원도 350만원이나 그 이하로 줄여야 할 상황이다.

"결론적으로 말할게요. 지호 씨 저축보험은 해약하는 게 좋겠어요. 기회비용적인 측면에서 맞지 않아요. 신혼부부는 최대한 고정비용을 줄이고 유동자금을 많이 확보해야 하는데, 묶여 있는 돈은 전혀 도움이 되지 않거든요."
"알겠습니다. 그럼 연금저축보험은 어떻게 하나요? 그것도 해약하나요?"

"아뇨. 연금저축보험은 증권사 연금펀드로 갈아타면 됩니다. 갈아타는 것을 기관이전이라고 해요."

"예? 기관이전이 뭐예요?"

"보험사는 연금저축보험을 판매하고 증권사는 연금펀드를 판매해요. 연금저축보험과 연금펀드는 서로 간에 이동이 가능해요. 이걸 기관이전 즉 이관이라고 해요."

"그런 게 있는지 몰랐어요. 그런데 이관을 해도 우리한테 불이익은 없나요?"

"네. 아무런 불이익이 없어요. 기관이전은 이전까지 보험사에 납입했던 연금저축보험을 증권사 연금펀드로 옮겨 오는 거고 해약환급금도 연금펀드로 넘어오는 거예요. 해약이 되는 것이 아니라서 기타소득세를 내거나 이전 연말정산 때 받았던 환급금을 돌려주지 않아도 됩니다."

"그런데 이렇게 기관이전을 하는 이유는 뭐예요?"

"연금저축보험은 만기 전에 2개월 이상 납입을 중지하면 실효가 되어 해지됩니다. 그런데 펀드는 10년납, 20년납과 같은 만기가 없어서 중도에 중지를 할 수 있어요. 중지한다는 의미는 자동이체를 해지하는 거예요. 펀드는 그게 장점이에요. 그래서 신영 씨는 연금저축보험을 연금펀드로 이관하고 중지하는 게 좋겠어요."

"중지하면 돈은 더 이상 안 들어가는 건가요?"

"그렇죠. 대신 이관된 지호 씨 연금펀드는 세액공제가 필요하니까 중지하지 않고 계속 불입할 거예요. 그래서 이 상품은 용도에 맞는 이름을 정하는 게 좋아요."

"이름요?"

"네. 이 상품은 두 가지 이름을 가질 수 있어요. 하나는 지호 씨가 55세 정도에 퇴직을 하게 된다면 국민연금 수령 나이(65세)가 될 때까지 사용하는 '대체소득'이 될 수 있어요. 아니면 '자녀의 대학등록금' 용도로 이름을 붙일 수 있죠. 어떤 상품이든 용도를 분명하게 정해 놓는 것은 매우 중요해요. 이름이 붙어 있지 않으면 55세에 돈이 나오자마자 해외여행을 가거나 차를 바꾸는 데 다 써 버리게 되거든요. 그런데 용도를 분명히 정해 놓으면 정해진 용도에 사용하고 무절제한 소비를 막을 수 있어요."

"아, 정말 좋은 해결책이네요. 진작 알았으면 좋았을 걸 그랬어요."

"두 분은 아직 신혼이니까 지금이라도 늦지 않았어요."

"보험을 줄여!", "십일조를 줄여!" 싸우는 부부

"그러니까 믿음이 안자라는 거야!"

"뭐? 십일조를 내지 말자고? 그게 지금 말이 되는 소리야?"
한다은 씨는 기가 막힌 표정으로 남편 김우석 씨를 바라보았다.
"4년 동안 냈잖아. 이제 좀 쉬어도 되지 않냐? 너 따라서 교회
 와서 지금까지 그 정도 했으면 나 할 만큼 했어."
"자기가 늘 그런 식이니까 믿음이 안 자라는 거야."
"그래, 나 믿음 없어! 당장 우리 대출도 못 갚고 이자만 내고
 있잖아. 우리 그 동안 십일조 낸 거 계산하면 벌써 갚고도 남
 았을 거야. 그리고 내 친구 용석이는 나보다 더 적게 버는 데
 도 해외여행 가고 할 거 다 하고 살아. 우리가 왜 이렇게 구질

구질하게 사는 줄 아니? 십일조 때문이야. 한 달에 십일조가 80만 원. 이게 말이 되냐?"

"자기 우리가 그 동안 하나님께 받은 축복은 생각 안 해? 우리가 이렇게 좋은 직장 다니는 것도, 건강하게 잘 사는 것도, 교통사고 안 나는 것도 다 하나님이 지켜 주신 덕분이라고! 그걸 왜 몰라?"

"정 내고 싶으면 네가 버는 거에서 내. 난 안 낼 거야."

"자기는 그 보험이나 정리해! 한 집에 무슨 보험이 열 개가 다 돼. 이게 말이 돼?"

두 사람은 내 앞에서 십일조와 보험 때문에 싸운 얘기를 했다.

"이럴 때 어떻게 해야 해요? 센터장님."

"글쎄요…, 참 쉽지 않네요."

십일조에 대해서 평신도인 내가 무슨 말을 할 수 있을까. 나는 그저 내 신앙 하나 잘 지키고 살아가기에도 버거운 성도일 뿐이다. 물론 나는 결혼 이전부터 지금까지 정확하게 십일조를 내고 있다. 나는 우석 씨 가정의 현금흐름표를 보면서 크리스천이 감당해야 하는 현실을 보는 것 같아서 마음이 무거웠다.

김우석 씨의 월수입은 370만 원, 한다은 씨의 월수입은 260만으로 월 총수입은 630만 원이다. 적지 않은 수입이다. 전세금 대출이 1억1,400만 원 있고 현재 대출이자만 내고 있다. 우석 씨네 가정의 현금흐름표에서 유독 내 시선을 끈 항목은 식비·외식비였다. 월수입은 630만 원이나 되는데 식비·외식비는 40만 원밖에 되지 않았다. 엥겔지수로 따지면 15% 정도로 매우 낮은 수준이다. 가계 지출 구조에서 저소득 가계일수록 식료품비가 차지하는 비율이 높고, 고소득 가계일수록 식료품비가 차지하는 비율이 낮다. 그런데 우석 씨네 가정은 실제소득보다 한참 낮은 엥겔지수를 보이고 있었다. 일반적으로 우석 씨보다 소득이 더 적은 가정

〈표1〉 우석 씨네 현금흐름표

(단위 : 원)

현금유입		현금유출		구성비	비고
우석	3,700,000	주거생활비	300,000	4.8%	
다은	2,600,000	식비외식비	400,000	6.3%	
		자녀교육비	800,000	12.7%	자녀1 30만 원 친정엄마 50만 원
		부부용돈 (통신·교통 포함)	800,000	12.7%	남편 40만 원 아내 40만 원
		비정기 지출	500,000	7.9%	1년 600만 원
		십일조 및 기부, 헌금	800,000	12.7%	
		전세자금대출 이자	350,000	5.6%	1억4천만 원 이자(3%) 카뱅전세대출
		보장성보험	580,000	9.2%	
		저축과 투자		0.0%	
현금유입계	6,300,000	현금유출계	4,530,000		
		잉여자금	+1,770,000	28.1%	

도 이것보다는 식비가 훨씬 더 들어간다. 그런데 우석 씨네 지출 중에서 80만 원이 십일조와 헌금으로 나가고 있었다. 우석 씨가 왜 갈등을 했는지 알 것 같았다. 성실하게 십일조 생활을 잘하는 크리스천 가정의 경우, 대부분 엥겔지수가 매우 낮은 편이다. 줄일 수 있는 것에 한계가 있기 때문이다. 그래서 훨씬 더 검소한 생활을 할 수밖에 없다. 만약 우석 씨네가 믿지 않는 가정이었다면 이 80만 원은 식비·외식비로 흘러가서 100만 원 이상이 식비로 지출됐을 것이다. 지금보다 훨씬 더 즐기며 살 수 있는 것이다. 돈의 만족도는 관계 위주로 지출할 때 높아진다. 적금을 넣을 때보다 누군가를 위해서 식사를 대접하거나 가족이 함께 외식할 때 만족도가 높다.

십일조에 대하여

이런 상황을 자주 접하며 드는 생각이 있어 십일조에 대해서 잠시 언급할까 한다. 많은 크리스천 신혼부부가 고민하고 흔들리는 부분이기도 하기 때문이다. 구약 성경에는 제사법으로 땅의 소산의 십분의 일을 바치라는 명령이 나온다. 그리고 땅을 분배받지 않은 레위지파에게 십분의 일을 주도록 되어 있다. 그리고 매 삼년의 끝은 십의 일을 고아와 과부를 위해서 쓰라고 되어 있다. 이것이 성경 레위기에 나와 있는 십일조의 규례이다.

내가 대학생 시절 IVF에서 성경공부를 할 때 '누진 십일조'에 대해서 배운 적이 있다. 1,000만 원 버는 사람이 100만 원을 십일조로 내고, 200만 원을 버는 사람이 20만 원을 냈을 때 한쪽은 900만 원, 다른 한쪽은 180만 원을 쓰게 된다. 이때 1,000만 원을 버는 사람이 더 내는 것이 누진 십일조이다. 하지만 더 아름다운 방식은 하나님께 풍성하게 받은 사람이 주님이 주신 선한 마음으로 더 가난하고 힘든 사람에게 흘려보내 주는 것이 아닐까 생각한다.

구약에서는 분명히 십일조에 대한 것들이 명시되어 있는데 신기하게도 신약으로 오면 십일조에 대한 이야기가 나오지 않는다. 특히 예수님은 십일조에 대해서 전혀 말씀하시지 않았다. 신약에서 바울은 '바울서신'을 통해서 연보, 헌금, 돕는 손길을 이야기했다. 바울은 또 "너의 마음이 시키는 대로 연보하라"며 '너의 형편에 맞는 것'을 계속 강조한다. 그렇다면 왜 신약에서는 십일조를 얘기하지 않았을까? 율법의 완성이신 예수 그리스도께서 오셨기 때문이다. 예수님이 오셨을 때 율법을 폐하지 않고 완성하셨다. 휘장이 위에서 아래로 찢어지면서 예수님은 하나님과 우리의 관계를 완성하셔서 더 이상 제사법이 필요 없게 하셨다. 이것이 나의 신앙관이다. 그렇다고 해서 십일조를 낼 필요가 없다는 이야기는 아니다. 그렇다면 지금까지 내가 십일조를 내고 있을 이유가 없는 것 아닌가. 십일조는 이제 율법으로 지키는 것이 아니라, 공동체를 이어가기 위한 규약으로 지키는 것이 필요하다는 생각이다.

어느 교회에서 목사님이 십일조를 안 내면 암에 걸린다는 말씀을 하셨다고 들었다. 하나님 앞에 서 있는 우리에게 적어도 십일조가 그런 의미는 아닐 거라고 생각한다. 내가 십일조에 대해 답을 원하는 크리스천 신혼부부들에게 조언할 수 있는 건 사랑이 많으신 하나님의 마음을 생각해 보자는 것이다. 언젠가 상담할 때 크리스천 내담자가 가게를 하다가 실패해서 빚밖에 없는데도 불구하고, 신용카드로 빚을 더 내서 십일조를 하는 것을 본 적이 있다. 나는 그 분을 보면서 하나님의 마음에 대해서 생각해 보았다. 백배로 갚아 주실 것을 믿고 십일조를 낸 그분의 믿음에 하나님은 정말 기뻐하셨을까?

예를 들어 아버지가 아들을 대학원까지 교육시켰는데, 아들이 나중에 직장을 얻으면 아버지 용돈으로 매달 30만 원을 주기로 약속을 했다고 하자. 그런데 아들이 어떤 사정으로 빚을 지게 됐고, 빚밖에 없는 상황 속에서 신용카드를 그어서 아버지와의 약속을 지켰다면 아버지는 그 돈을 기쁘게 받을 수 있을까? "빚내서 주지 말고 어떻게든 네가 빨리 회복해서 제대로 된 5만 원이라도 준다면 좋겠다"라고 하시지 않았을까. 십일조는 의무와 책임, 두려움, 기복이 모두 빠진, 하나님의 것에서 내가 십 분의 구를 쓸 수 있음에 감사하는 정결한 예물이었으면 좋겠다는 생각이 든다.

　　나는 이 시대에 십일조를 하면서 믿음을 지켜 가는 많은 크리스천에게 박수를 보내고 싶다. 이미 생활적인 면에서 그들은 어마어마한 절제와 고통을 감내하고 있기 때문이다. 나는 크리스천 신혼부부들이 이러한 점을 처음부터 미리 알고 십일조 생활을 시작하기를 원한다. 살면서 '왜 우리는 이렇게 돈이 안 모이지?' 하면서 답답해하거나 불평을 할 것이 아니라, 신앙인으로서 자신이 한 선택에 대해 용기와 자신감을 갖고 살자는 것이다. 십일조를 한다는 것은 그만큼 세상과 하나님 중에서 하나님을 선택하는 행위이다. 그 성스러운 선택에 대해서 묵묵히 그 결과를 감내하며 사는 것은, 이유도 모른 채 갈등하고 쪼들리면서 사는 삶보다 훨씬 더 하나님께 영광 돌리는 삶이라고 믿는다.

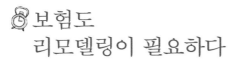

보험도
리모델링이 필요하다

33만 원에서 16만 원으로 남편 보험 정리

김우석 씨 부부는 십일조 이외에도 보험 때문에 큰 갈등을 겪고 있었다. 나는 이 가정의 보험을 정리해 주기 위해서 그 동안 가입한 전체 보험 명세서를 살펴봤다. 명세서를 보며 나는 무척 속이 상했다. 많은 신혼부부들이 이 부부와 같은 함정에 빠져서 재정적 고통을 겪고 있기 때문이다. 보험은 저축이 아니라 비용이다. 그러므로 보험은 충분한 보장만 받으면 그 역할이 끝나는 것인데 보험을 비용이 아닌 저축으로 생각해서 생기는 고통이 크기 때문이다.

가입 보험	보험료	보장 내용
실비보험	2만 원	
K생명 종신보험 (2005년 가입)	14만 원	암 진단금 3천, 뇌졸중 3천, 사망보장 5천, 20년 납 80세 만기
S생명 통합유니버셜 종신보험 (2012년 가입)	12만 원	암과 2대 성인병/급성심근경색과 뇌출혈
K생명 건강보험 (2014년 가입)	5만 원	2대 성인병
합 계	33만 원	

우석 씨가 든 네 개의 보험 총액은 33만 원이었다. 월수입 370만 원을 고려했을 때 한 사람의 보험금으로는 매우 높은 수치였다.

나는 우선 1번 실비보험 2만 원은 그대로 유지하도록 했다. 실비보험은 어떤 보험사든 크게 상관이 없기 때문이다. 2번 〈K생명 종신보험〉 14만 원도 그대로 유지하기로 했다. 이 보험은 우석 씨어머니가 13년 전에 미리 가입해준 보험이었다. 보장기간이 80세까지인 것이 아쉽긴 하지만, 깰 이유는 없다. 이미 13년을 불입해서 앞으로 7년만 더 내면 80세까지 보장을 받을 수 있기 때문이다. 물론 13년을 납입해도 필요한 보장이 없다면 해약하는 것이 맞지만, 2005년도 종신보험에는 사망보장 5천만 원, 암 진단 3천만 원, 뇌졸중 3천만 원, 급성심근경색 3천만 원 등 꼭 필요한 진단비가 다 준비되어 있었다. 이 정도면 충분하다고 판단됐다.

하지만 3번 〈S생명 통합유니버셜 종신보험〉 12만 원은 해약하도록 했다. 왜냐하면 이미 2005년도에 가입한 K생명 종신보험에 필요한 보장이 충분히 되어 있어 더 이상 비싼 보험료를 내며 유지할 필요가 없기 때문이다. 마지막으로 〈K생명 건강보험〉 5만 원은 해약하는 것이 낫다. 대부분 생명보험에서 건강보험은 주보험이 성인병 보험이다. 그런데 생명보험사에서는 뇌출혈만 보장이 되고 뇌경색이 보장되지 않는다. 흔히 우리가 알고 있는 중풍의 원인 중 70% 이상이 뇌경색증 진단이고 뇌출혈 진단은 15%가 안 된다. 그리고 이미 기존 종신보험에서 뇌경색 보장이 되는 뇌졸중 진단비가 3천만 원이 준비되어 있는 상태다. 결국 우석 씨는 네 개의 보험 중 두 개를 해약했다.

"정말 이렇게 보험을 두개나 해약해도 괜찮을까요? 나중에 혹시 아프면 어떡하죠?"

우석 씨는 17만 원어치의 보험이 사라지자 몹시 불안해했다.

"걱정 마세요. 이 정도면 충분해요. 보험은 로또가 아닙니다. 보험사들이 사람들의 불안한 심리를 이용해서 보험료를 많이 내면 보장도 많은 것처럼 얘기하는데 사실 상품을 제대로 알지 못하고 가입하게 되면 껍데기 보험을 안고 사는 경우도 많아요. 뒤늦게 병이 나거나 사고를 당했을 때 보험사로부터 "당신의 경우, 보장받을 수 없다"는 통보를 받고 나면 부랴부랴 보험 약관을 살펴보는데 그땐 이미 늦어요. 참 안타까운 일이죠."

"혹시 제가 그랬나요?"

"네. 사실 그 동안 우석 씨는 총 보험료 33만 원을 납입하고 있지만 사망보장금 1억에 암 진단 3천, 성인병 3천 그리고 실손 의료비 정도가 준비되어 있었어요. 이 정도 보장에 월 33만 원이나 비용으로 지불하고 있었던 거죠. 지금 이 정도 보장을 받는 데는 총 13만 원이면 충분한 거였죠."

"좀 어이없네요. 매월 보험료를 33만 원씩이나 냈는데도 보장은 월 13만 원 정도어치밖에 안 됐다는 얘기잖아요?"

이는 우석 씨만의 일이 아니다. 언젠가 10년납 종신보험의 보험금을 다 불입해서 자신은 보험에 관해서는 다 준비되었다고 개운한 표정으로 얘기하는 후배를 만났다. 그런데 보험 내용을 살펴보니 사망보장 5,000만 원에 암 진단금 1,000만 원이 전부였다. 보장이 제대로 설계되어 있지 않아서 정작 유사시에 아무런 도움도 받을 수 없는 보험이었다. 나는 후배에게 물었다.

"너 이거 보험 든 거 맞아? 혹시 적금 든 거 아니야?"

"아뇨. 난 분명히 보험을 들었는데요? 어머님 친구 분이 이 보험 하나면 모두 해결된다고 했어요."

"암보험이 1천만 원이고 뇌졸중은 안 되고, 실손 의료비도 없고, 결국 죽으면 받는 사망보장 5천만 원에 암 진단금 1천만 원밖에 보장이 안 되는데 매월 16만 원을 납입했다니 놀랍다! 이게 어떻게 보험이라고 할 수 있겠나?"

"어? 정말이에요? 이게 왜 이렇지?"

보험증권을 살펴보던 후배는 몹시 당황스러워했다. 난 그 후배에게 지금의 상황을 한 마디로 정리해 주었다.

"넌 지금까지 보험을 든 적이 없어. 꼭 필요한 보험이 없는데 그걸 어떻게 보험 들었다고 말할 수 있냐?"

이렇듯 보험은 원칙이 없으면 내용을 봐도 알 수가 없다. 보험 원칙에 대해서는 뒤에 자세히 설명하겠다.

보험을 들 때 꼭 확인해야 하는 기본 사항이 있다. 실비와 3대 진단비다. 3대 진단비는 암과 2대 성인병, 즉 뇌 관련 질병과 심장 관련 질병에 관한 진단비가 포함되어야 한다. 모든 보험사에서 다 보장해 주는 것이 아니기 때문에 보장 내용을 꼼꼼하게 따져 봐야 한다. 일단 뇌는 뇌경색이 포함되는 뇌졸중이 보장되는지 확인해야 한다. 일반적으로 생명보험사는 뇌출혈만 보장하고 뇌경색은 보장하지 않기 때문이다.

또한 심장 관련 질병도 문제가 많다. 손해보험사가 급성심근경색밖에 보장해 주지 않기 때문이다. 그래서 심혈관이 되는 허혈성 보장을 찾아서 가입해야 한다. 이 상품은 신혼부부의 경우 보장금액 천만 원씩 가입할 수 있다. 그러므로 보험을 가입할 때 "심혈관이 보장되는 상품인가요?" 하고 물어 보는 것을 잊지 말아야 한다.

나는 보험이 줄어서 불안해하는 우석 씨와 아내를 위해 사망보장 1억5천만 원을 추가해 주었다. K생명 종신보험의 사망보장 5천만 원을 합해서 사망보장금은 총 2억 원이 됐다. 우석 씨 부부는 1억5천만 원이 추가된 사망보장 보험료가 고작 4만5천 원이라는 사실에 적이 놀랐다.

33만 원이 지출되던 보험료를 13여만 원 줄이고, 사망보장은 2억 원으로 높였으니 알차게 정리된 셈이다.

〈표 3〉 정리한 뒤의 우석 씨 보험

가입 보험	보험료	보장 내용
실비보험(유지)	2만 원	실손 의료비 보장
K생명 종신보험 (유지)	14만 원	2005년 가입, 암 진단금 3천, 뇌졸중 3천, 사망보장 5천, 20년 납 80세 만기
사망보장(추가)	4만 5천 원	사망보장 1억 5천만 원
합 계	20만 5천 원	

25만 원에서 8만 원으로 아내 보험 정리

다음은 아내 한다은 씨의 보험 내용이다. 한다은 씨의 보험은 전부 3개로 총 보험료가 25만 원이었다. 나는 한다은 씨의 보험을 전부 해약하기로 했다.

<표 4> 아내 한다은 씨가 가입한 보험

가입 보험	보험료	보장 내용
1. S생명 리빙케어 종신보험	12만 원	CI보험, 종신보험, 2012년 가입, 20년납
2. K생명 여성 건강보험	6만 원	2014년 가입
3. S생명 실비보험	7만 원	
합 계	25만 원	

먼저 1번 〈S생명 리빙케어 종신보험〉은 사실 종신보험에 가깝다. 주보험이 사망보장이고 다은 씨의 경우 사망보장이 5천만 원이다. 사망하면 5천만 원이 나오긴 하지만, 가장이 아닌 다은 씨로서는 필요 없는 보험이다. 사망보장은 가정의 가장인 남편이 가입하면 된다. 12만 원 리빙케어 보험으로 다은 씨가 보장받을 수 있는 것은 암 보장뿐이다. 흔히 리빙케어나 CI보험을 가입하고 암 진단비를 받았다는 이야기를 듣긴 하지만 그것으로 끝이다. 암 보장을 받기 위해 12만 원을 보험료로 내는 것은 과하다. 보험증권을 보면 사망 5천만 원, 중대한 수술이나 진단 시 4천만 원을 지급한다는 내용이 있지만 암 보장 외에 성인병 진단으로 보험금을 받기는 불가능하다.

리빙케어보험(CI보험)은 일반적인 보험처럼 질병분류코드표를 따지지 않는다. 대신 따로 질병후유장애표가 있어서 중대한 질병이냐 아니냐를 따진다. CI critical illness 자체가 중대한 질병이라는 뜻이다. 이 보험으로 보장되는 뇌졸중은 일반 뇌졸중이 아니라 '중대한' 뇌졸중이다. 약관에 있는 '중대한'의 의미는 평생 타인의 수발을 받는 수시간호 1, 2등급을 말한다. 이 보험의 보장을 받기 위해서는 혼자 옷 입기, 목발 짚고 걷기, 숟가락 들기, 화장실 가기 등을 할 수 있으면 안 된다. 쉽게 말해서 누워서 몸을 움직이지 못하는 상태가 돼야 보험료를 받을 수 있는 보험이 CI보험이다. 물론 CI보험을 가입해서 암 진단금으로 6천만 원 정도를 받은 고객도 있다. 하지만 한 푼도 받지 못한 고객이 많기 때문에 보험에 가입할 때는 약관을 잘 살펴보고 가입해야 한다.

물론 수술비나 입원비 같은 다른 특약도 있지만 보험료 12만 원 중에 주보험이 8만 원이다. 그리고 입원비와 수술비는 각각 5천 원, 4천 원밖에 책정돼 있지 않다. 주보험이 80%가 넘는 것이다. 그러므로 처음부터 이 부분만 따로 보험을 드는 것이 유리하다. 특히 여성의 경우는 사망률이 남성보다 낮아서 3만 원이면 사망보장금을 충분히 보장받을 수 있는데, 군이 12만 원을 지출해서 종신보험에 가입할 필요가 없다. 게다가 2008년에 가입했으니 성인병이 보장되지 않는다. 물론 성인병 특약이 있을 수 있지만 아무리 특약이 있어도 암만 보장되고 뇌경색이 보장되지 않는다.

그래서 한다은 씨의 리빙케어는 해약했다. 나는 리빙케어를 해약한 후 대신 4만 원으로 암, 수술비, 입원비가 보장되는 새로운

보험에 가입하도록 했다. 물론 뇌졸중이 보장되는 상품이다. 입원비는 실비보험으로 하면 되니까 이것 하나로도 충분히 보장받을 수 있다.

2번 〈K생명 여성 건강보험〉 6만 원을 해약한 이유는 건강보험은 성인병 보장인데 모든 성인병에는 뇌경색이 보장되지 않는다. 이건 남편 우석 씨 건강보험과 같은 구조이다. 그래서 약관을 보지도 않고 해약했다. 한다은 씨는 약관을 보지도 않고 해약하는 것에 대해 의아해 했지만, 보험을 이해하면 쉽게 알 수 있는 내용이다.

3번 S생명의 실비보험 7만 원을 해약한 이유는 실비보험이 단독이 아니라 주보험 밑에 특약으로 들어가 있기 때문이다. 생명보험의 실비는 주보험이 사망보장이다. 그래서 사망보장 5천만 원의 월 보험료가 45,000원이고 그 밑에 실손 의료비가 특약으로 들어가 있는데 25,000원이다. 그래서 이 보험을 해약한 후 여기서 보장되는 실손 의료비를 단독으로 가입하면 15,000 원에 해결된다.

다은 씨는 잘못 가입한 3개의 보험을 모두 해약하고 실손 의료비 1만 5천 원, 3대 진단금(암 3천, 뇌졸중 3천, 급성심근경색 3천)과 질병 후유장애 2천만 원까지 보장받게 하고 월 8만 원으로 해결했다. 결국 다은 씨의 보험료는 9만5천 원이 됐다.

가입 보험	보험료	보장 내용
실손 의료비	1만 5천 원	
3대 진단금	6만 원	암 3천, 뇌졸중 2천/뇌혈관 1천, 급성심근경색 2천/허혈성 1천
질병후유장애	2만 원	2천만 원
합 계	9만 5천 원	

마지막으로 김우석 씨의 자녀를 위한 보험을 5만 원으로 정리했다. 결국 남편 우석 씨가 20만 5천 원, 다은 씨가 9만5천 원, 자녀 5만 원으로 우석 씨네 보험은 깨끗하게 마무리 됐다. 우석 씨 소득 370만 원 대비 가족 전체 보험료가 35만원으로 9.5% 정도 지출이 되니 그리 나쁘지 않다. 또 7년 뒤에는 14만 원이나 나가던 우석 씨 종신보험이 만기가 되므로 그만큼 부담이 줄어들게 된다.

〈표 6〉 우석 씨와 다은 씨 가정이 줄인 보험료

	상담 전	리모델링 후	변동 금액
우석 씨	33만 원	20만 5천 원	- 12만 5천 원
다은 씨	25만 원	9만 5천 원	- 15만 5천 원
아이들 추가		5만 원	+ 5만 원 추가
총 보험료	58만 원	35만 원	- 23만 원

우석 씨 부부는 보험에서 줄인 지출만큼 십일조를 계속 내기로 협의했다. 우석 씨가 다은 씨의 부탁을 수용한 것이다. 그리고 우석 씨의 바람대로 식비와 외식비를 더 늘리고 대출금도 조금씩 갚아 가기로 했다. 이벤트 통장(펀드)도 만들어서 두 사람이 여행을 다녀올 비용도 마련했다.

일반적으로 사람들은 보험이 자동차보다 비싼 금액이라는 사실을 인식하지 못한다. 보험은 보통 20년 동안 납입하는 경우가 많아서 전체 불입액을 다 합하면 수천만 원짜리 상품이 된다. 자동차로 따지면 비싼 고급 외제승용차와 비슷한 가격이다. 그런데도 보험에 가입할 때는 자동차를 살 때처럼 정보를 수집하지 않고 너무 쉽게 결정해 버린다.

크리스천 신혼부부가 보험에 지나치게 집착한다면 자신의 신앙적인 내면을 좀 더 살펴봐야 한다. 혹시 하나님을 믿지 못하는 근원적인 불안 때문은 아닌지 말이다. 그렇다고 해서 믿음에만 의지해서 아무 보험에도 가입하지 않는 극단적인 신앙심은 더 위험하다.

언젠가 강의를 할 때 어떤 성도가 질문을 한 적이 있다. "크리스천이 보험을 들 필요가 있나요? 하나님께서 지켜 주실 텐데. 그 돈으로 남을 돕는 게 좋지 않나요?" 하는 질문이었다. 나는 대답했다.

"만약 공예작업을 하다가 칼에 손가락이 잘렸다고 해 봐요. 그럴 때 자매님은 어떻게 하시겠어요? 기도하면서 하나님께 붙여 달라고 하실 건가요? 피가 철철 나는데도 엎드려 기도만 하고 계실 건가요? 일단 병원으로 달려가야죠. 가면서 기도하는 건 당연한 거고요. 어찌됐든 병원에 가야 하잖아요. 저는 보험이 그런 거라고 생각해요."

보험가입의 원칙
세 가지

"센터장님. 오빠랑 보험 갖고 고민을 해 봤는데 답이 안 나와
요. 도대체 보험은 어떻게 들어야 잘 드는 건가요?"

결혼한 지 5개월 된 한동민 씨와 고숙희 씨 부부가 보험에 대
해서 상담하기 위해 찾아왔다.

"두 분께 보험의 기본원칙에 대해서 알려 드릴게요."

"보험에 원칙이 있어요?"

"그럼요. 보험은 합리적이고 논리적으로 접근하지 않으면 속
을 수밖에 없어요. 그래서 원칙이 매우 중요해요. 원칙만 분명
히 갖고 있으면 보험 설계는 단 10분이면 끝나요."

보험 가입의 원칙 1 : 구성비를 지켜라

구성비를 지키는 것은 매우 중요하다. 집집마다 수입이 다른 만큼 보험료도 달라야 하기 때문이다. 그렇지 않으면 보험료 때문에 재정적 압박을 받게 된다. 보험료 구성비는 소득의 8%가 적당하다. 여기서 보험료는 저축보험이나 연금보험을 뺀 순수 보장성 보험료만을 말한다. 그리고 부부 중에서 소득이 높은 사람의 월수입을 기준으로 한다. 예를 들어 남편이 300만 원, 아내가 200만 원의 소득이 있다면 남편의 소득인 300만 원을 기준으로 8%를 계산해야 한다. 그렇게 계산하면 월 평균 24만~25만 원 정도가 나온다. 간혹 사람들이 불안해서 무리하게 보험을 드는 경우가 있는데 보험은 그야말로 우리가 감당할 수 없는 위험상황에 대한 대비만 해 놓으면 충분하다.

보험 가입의 원칙 2 :
보험은 만기환급형보다 순수보장형으로 들어야 한다

보험에 대해서 우리가 혼동하는 것이 있다. 보험은 저축이 아니라 보장비용이라는 것이다. 보험의 종류는 두 가지가 있는데, 만기에 내가 불입한 금액을 돌려받는 만기환급형과 사고를 당하지 않았을 때 불입금이 모두 사라지는 순수보장형 보험이 있다.

이 두 가지 보험 앞에서 사람들이 순간적으로 착각을 일으키는 경우가 많다.

예를 들어 30년 만기 운전자보험을 들려고 하는데, 하나는 월 5만 원씩 내고 만기가 되면 불입한 원금인 1,800만 원을 그대로 돌려주겠다고 한다. 그런데 또 다른 보험은 보장 내용은 똑같은데 월 1만 원씩 내고 30년 만기 후에 돌려받는 금액은 0원이다. 이럴 때 당신은 어떤 것을 선택할 것인가?

이때 우리의 뇌는 잠시 착각에 빠진다. "월 5만 원씩 보험료를 내면 30년 동안 보장을 다 받고, 그 동안 낸 보험료를 전부 돌려줍니다."라고 설계사가 말하면 우리의 뇌는 두 가지 관점에서 인식이 된다. 만약 이 인식의 과정을 사진으로 찍는다면 단순하게 두 개의 사진이 찍힐 것이다. 한쪽에는 월 5만 원을 낸다는 것과 또 다른 쪽에는 30년 뒤에 1,800만 원을 몽땅 돌려받는다, 라는 것이 찍힐 것이다. 그럼 우리의 뇌는 생각한다. '어? 보장도 받고 저축도 할 수 있다고? 이거 돈 버는 일이네.' 라고 말이다. 이게 착각이다. 그럼 우리는 묻지도 따지지도 않고 덥석 보험에 가입한다.

그런데 "월 1만 원을 내고 30년 뒤에 원금이 사라집니다."라고 설계사가 말하면 우리의 뇌는 생각한다. '원금이 얼마지? 30년이면 360만 원인데 그게 다 날아가는 거잖아? 내가 손해 보는 거네.'

하고 말이다. 한쪽은 1,800만 원을 버는데 한쪽은 360만 원을 손해 본다고 생각하니 어떤 선택을 할지는 쉽게 상상할 수 있다.

그런데 여기서 소비자가 놓치는 것이 있다. 만약 보험료로 5만 원을 내는 대신, 1만 원만 내고 나머지 4만 원으로 금리 2% 정도의 적금에 가입한다면 30년 후에는 2,300만 원을 얻을 수 있다. 더 나아가 수익률이 최소 4% 정도 되는 글로벌 채권에 가입하면 30년 후에 3,500만 원의 돈이 수중에 들어오게 된다. 보험료 만기 때 받는 돈 1,800만 원보다 500만~1,700만 원을 더 모을 수 있는 것이다. 이것이 바로 기회비용에 대한 기회이익이다.

"결론적으로 말해서 보험으로 저축할 생각을 하면 안 돼요. 그러니까 만기 때 사라지는 돈이 아깝다고 생각하지 말고 암 보장, 사망 보장 등 보장성보험은 꼭 순수보장형으로 가입해야 해요. 보장도 되고 환급도 되는 보험은 그 만큼 월 납입금이 많거든요. 그 납입금만큼 따로 저축을 하거나 펀드에 가입하는 것이 더 큰 수익을 내면서 재무관리를 잘 하는 방법이에요."

"그렇군요. 전 지금까지 나중에 돈을 돌려주는 게 더 좋은 건 줄 알았어요."

"다들 그런 함정에 빠져요."

"오늘 진짜 중요한 걸 알게 된 것 같아요."

"그리고 연금으로 받는 종신보험은 가입하지 않는 게 좋아요. 보험으로 저축하지 말라는 원칙 때문이에요. 보험사에서는 아플 때는 보장을 받고 만기 때까지 아프지 않으면 연금으로 주겠다고 설명을 하는 경우가 있는데, 속지 마세요. 보험은 보장만 받고 연금은 따로 은행이나 투자회사에서 연금 상품을 드는 것이 훨씬 유리해요. 아까 보험료는 1만 원만 내고 4만 원은 적금이나 펀드에 들었던 것처럼요."

보험 가입의 원칙 3 : 보험은 길게 내는 게 좋다

보험에는 만기와 납입기간이라는 두 가지 개념이 있다. 보장이 되는 기간이 만기이고, 보험료를 내는 기간이 납입기간이다. 그런데 보험은 길게 내는 것이 유리하다. 왜냐면 시간이 지날수록 물가상승으로 인해 비용이 절감되는 효과를 볼 수 있기 때문이다. 예를 들어 10년 동안 월 10만 원을 내는 보험보다 20년 동안 월 5만 원을 내는 것이 더 유리하다. 그리고 남는 5만 원은 저축을 하면 그만큼 더 큰 수익을 얻을 수 있다. 다시 말해서 매월 비용으로 지출하는 금액은 적게 하고 대신 저축기간을 늘려 금액을 올리는 것이다.

보장성 보험에 가입할 때 납입기간은 20~25년 정도가 적당하다. 60세 이후에는 보험료를 납입하는 것이 부담이 되기 때문이다. 일반적으로 신혼부부의 경우 보험 가입 시기가 35세라고 하면 납입기간은 25년이 적정기간이다.

우리 집에 딱 맞는
보험 설계하기

가능한 보험료를 정하고 보험을 고른다

"자, 그럼 이제 원칙을 알았으니 직접 보험을 설계해 볼까요?"
나는 동민 씨와 숙희 씨 앞에 흰 종이 두 장을 꺼내 놓았다.
"예? 우리가 직접요? 저는 보험에 대해서 아무것도 모르는데
 요?"
"제가 안내해 드릴게요. 직접 해 보시면 보험에 대해서 더 확
 실히 알게 될 거예요. 일반적으로 보험가입을 하려고 하면 먼
 저 어떤 보험 상품을 선택할 것인가에 초점을 맞추는데, 이건
 순서가 잘못된 거예요. 먼저 전체 예산에서 구성비 원칙에 따
 라 보험료를 산정한 후 그에 맞는 적당한 상품을 골라야 해

요. 먼저 종이에 두 분 소득을 적어 보세요."

동민 씨 부부는 종이에 380만 원을 적었다. 이 가정은 동민 씨 혼자 버는 외벌이 부부이기 때문이다.

"잘하셨어요. 그럼 그 아래 두 분의 적정한 보험료를 적어 보세요. 소득의 8%가 구성비니까 30만 원이 두 분의 적정한 보험료겠네요. 무슨 일이 있어도 30만 원을 넘기지 않겠다는 강한 의지를 갖고 적어 보세요."

그리고 내가 질문을 했다.

"보험은 왜 필요할까요?"

"그야 예상치 못한 사고를 당했을 때 도움을 받기 위해서겠죠."

"맞아요. 보험은 나에게 있을 수도 있는 위험을 내 힘으로 감당하기 힘들기 때문에 적절한 비용을 내고 보험사에 이전하는 행위예요. 그럼 내가 감당할 수 없는 위험은 뭘까요? 보험이 아니면 내 힘으로 해결할 수 없는 위험 말이에요."

"글쎄요…, 가족이 크게 다치거나 병에 걸려서 병원비가 많이 드는 일이 아닐까요?"

"그렇죠. 예를 들어 볼게요. 만약 자녀가 놀이터에서 친구들과 공놀이를 하다가 다리를 다쳤어요. 그래서 동네 병원에 가서 치료를 하고 간단한 깁스를 하고 왔어요. 이 사건이 4인 가정을 무너뜨릴 만큼 그렇게 위험한 사건일까요?"

"아뇨. 그건 실비보험 하나면 간단하게 해결할 수 있는 문제잖
아요."

"맞아요. 그럼 우리 가정 안에서 가장 치명적인 사건은 뭘까
요?"

"제 남편이 사망하는 거요. 그게 젤 무서울 거 같아요."

"그래요. 가정경제를 책임지고 있는 가장이 사망하는 거예요.
그래서 신혼부부에게 가장 먼저 필요한 보험은 남편의 사망
보험이에요."

종신보험은 필요없다

"그럼 이번에는 내가 정한 보험료 옆에 가정경제를 책임지는
사람(남편이든 아내든 상관없다)의 사망보장을 써 볼 거예요."

"그럼 종신보험을 말하는 거겠네요?"

"아뇨. 원칙이 세워지기 전에 어떤 특정 상품이 먼저 내 생각
속으로 훅 들어온다면 지금 나는 속고 있는 거예요. 그만큼
보험사에서 특정 상품에 대한 마케팅을 탁월하게 잘했다는
이야기죠. 결론적으로 말하면 우리한테 종신보험은 필요 없
어요."

"예? 종신보험이 필요 없다고요?"

"네. 종신보험은 빌딩을 갖고 있거나 상속할 부동산이 많은 거

액의 자산가들에게 필요한 상품이에요. 갑자기 자산가가 사망했을 때 상속받는 사람이 몇 십억 원이 넘는 상속세를 내는 것이 어렵기 때문에 가입하는 상품이 바로 종신보험이거든요."

"헐! 전 그것도 모르고 지금까지 종신보험은 꼭 들어야 하는 보험으로 알고 있었어요."

"충분히 그러실 수 있어요."

"가장의 사망이 가정에 위험을 주는 시기는 언제까지일까요? 여기 모니터에 있는 도표를 보면 사망이라는 주제가 가족들에게 위험으로 존재하는 기간이 어떻게 달라지는가를 한눈에 볼 수 있어요. 예를 들어 80대인 부모님이 사망했을 때 50대인 자녀에게 어떤 경제적 타격을 줄 수 있을까요?"

〈표 7〉 사망이 가족에게 위험으로 존재하는 기간 (36세 남자 사망 보장 1억 원 예시)

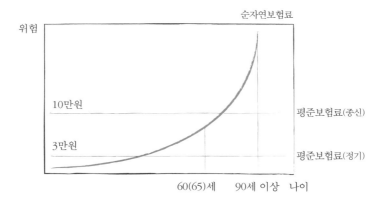

"글쎄요, 그렇게 크진 않을 것 같아요."

"냉정하게 말하면 더 이상 경제적 위험을 주지 않아요. 자녀가 이미 경제적으로 자립해서 도리어 부모를 부양하고 있을 시기이기 때문이에요. 보신 것처럼 가장의 나이가 80세가 넘으면 사망은 더 이상 가족에게 위험이 아니에요. 그때의 위험은 가장이 노후준비가 안 된 상태에서 암이나 뇌졸중, 치매 등으로 치료를 받으며 오래 사는 것일 수 있어요. 가슴 아프지만 사실이에요."

"진짜 가슴 아프네요."

"그래서 노후준비가 중요해요. 나를 위해서도 그렇지만 자녀를 위해서 더 그래요. 준비된 노후자금으로 건강하게 사는 건 위험이 아니에요. 오래 아프면서 자녀에게 부담이 되는 게 위험이죠. 잘못하면 온 가족을 경제적 위험에 빠뜨릴 수 있어요. 결론적으로 말해서 가장의 사망을 전제로 가족들의 위험을 덜어 주는 사망보장금은 종신까지 보장받을 필요가 없어요."

"와, 정말 듣고 보니 그렇군요! 이런 내용은 정말 처음 들어 봐요. 그동안은 무조건 죽을 때까지 갖고 가야 하는 게 사망보험인 줄 알았어요."

사망보장이 필요한 건 65세까지만

이와 같이 보험을 계획할 때 위험에 대비할 수 있도록, 보장이 언제까지 필요한지 그 기간을 정확하게 아는 것이 매우 중요하다. 일반적으로 그 시기는 60세부터 65세까지이다. 이 시기는 자녀가 대학을 졸업하거나 직장을 갖는 시기와 맞물린다. 자녀들이 경제적으로 독립을 하고 나면 가장의 사망으로 인한 위험을 보장하는 것보다 노후준비가 더 필요하다. 그러므로 사망보장은 더 이상 필요 없다. 65세 이후에는 사망이 아니라 은퇴 이후에 어떻게 살 것인가에 대한 노후 준비가 관건이다.

"이제 종이에 종신보험은 생각하지 말고 내가 언제까지 사망보험이 필요한지 적어 보세요. 자녀가 하나이든 둘이든 자녀들이 대학을 졸업하는 시기를 적어 보면 금세 답이 나올 거예요."

예를 들어 지금 가장인 내가 35세인데 둘째 자녀가 5세다. 그럼 5세 자녀가 대학을 졸업하는 시기를 계산해 보면 20년 후가 된다. 그럼 내 나이는 55세다. 사망보장은 자녀들이 직장 생활을 시작할 때까지로 해서 5년 더 책정하면 된다. 그럼 60세까지가 사망보장이 필요한 시기다.

"다음은 금액을 정해야 하죠. 사망보장 금액은 얼마면 될까요?"

"글쎄요. 한 1억 원은 돼야 하지 않을까요?"

몇 년 전 생명보험협회에서 조사한 바에 따르면, 대한민국 평균 사망보장 금액은 4천만 원이었다. 그런데 경제권자인 가장이 사망했을 때 4천만 원으로 아내와 자녀의 삶이 준비될 수 있을까? 절대로 안 된다. 가장의 사망은 기껏해야 1년 치 정도의 생활비로 감당할 수 있는 위험이 결코 아니기 때문이다.

그렇다면 제대로 충분한 보장이 되지 않는 이런 허술한 보험에 우리는 왜 가입하고 있을까? 무조건 보험설계사에게 그 책임을 떠넘길 수는 없다. 직업을 가진 우리는 누구나 자신의 능력이나 시간, 지식과 노동력 등을 파는 사람들이다. 보험설계사는 그들의 직무에 최선을 다해서 충실히 완수하고 있을 뿐이다. 중요한 것은 보험을 가입하는 가입자가 원칙을 세워서 좋은 상품을 잘 선택해서 가입해야 하는 것이다.

설계사들이 사망보장 1억 원을 종신보험료 10만 원에 판매하면 2년 동안 받는 총 수수료가 130만에서 150만 원 가까이 된다. 월 100만 원 정도 판매하면 1년에 1억 원 이상 수입이 생기는 것이다. 그러니 설계사들이 열의를 다해 종신보험을 권유하는 것은 자연스러운 일이다. 하지만 다시 한 번 강조하건대 거액의 상속세를 내야 하는 건물주가 아닌 월급쟁이인 우리에게 종신보험은 필요 없다.

사망보장금액은 연봉의 4~5년 치가 적당하다

"사망보장금은 일반적으로 남편 연봉의 4년에서 5년 치가 필
요해요. 가장의 연봉을 4천만 원이라고 가정하면 1억5천만
원에서 2억 원 정도는 준비를 해야 한다는 거죠. 저는 2억 원
을 선호해서 연봉이 6천만 원이면 3억 원 정도는 준비하라고
해요. 연봉이 많을수록 지출도 많기 때문이에요. 종신보험으
로 하지 않으면 그만큼 보장 기간이 줄어드니까 적은 금액으
로도 더 큰 보장을 받을 수 있어요."

사망보장금 1억 원을 60세까지 보장받는다면 35세 기준으로
월 불입액이 3만 원이고 2억 원은 6만 원이다. 종신이 아닌 기간
이 정해진 정기 사망보험으로 가입했을 때이다. 그렇다면 사망보
장 보험은 어떤 보험에 가입하는 것이 좋을까? 보험사의 이름과
상관없이 월 불입액이 저렴한 보험사가 가장 좋다. 사망보장은 말
그대로 사망에 대해서만 보장받으면 되기 때문이다. 그러므로 좋
은 보험사를 찾는 것은 여러분의 몫이다. 인터넷으로 뒤져서 자신
의 조건에 맞는 보험사를 찾으면 된다. 내가 알기로는 신혼부부라
면 남성 기준으로 3만 원, 여성 기준으로 1만2천 원 정도면 충분
히 가입할 수 있다. 여성의 가입금액이 저렴한 이유는 그만큼 여

성의 사망 확률이 낮기 때문이다.

"그럼 정리해 볼게요. 사망보험은 정기보험으로 보장 금액 2억
원 정도로 가입할 거예요. 그럼 35세 기준으로 월 불입액은 6
만 원 정도예요. 우리가 처음 백지를 꺼내서 구성비에 맞게
세운 기준이 30만 원이죠. 그렇다면 30만 원에서 사망보험금
6만 원을 빼면 24만 원이 남아요."

암과 2대 성인병 보장을 잘 받으려면?

암 진단금은 2천만~3천만 원으로

"그럼 사망보험은 해결됐으니 다음으로 넘어가 보죠. 두 번째로 가족에게 치명적인 위험으로 다가오는 건 암이에요. 우리나라 60세 이상 사망자 중에서 35%가 암으로 사망한다고 해요."

암은 사망과 달리 일단 암으로 판정이 되면 치료를 받아야 한다. 치료기간도 짧지 않아서 많은 비용이 들어갈 수 있다. 그러므로 암은 진단비가 필요하다. 진단비는 암에 걸린 것이 확진 됐을 때 1회에 한해서 보험사에서 주는 돈이다. 물론 가입조건에 따라서 금액은 다르지만 대부분 목돈이다. 보험증권을 읽어 보면 암

진단 시 3,000만 원이라고 적힌 부분이 바로 진단금이다.

암 진단금은 최소 2천만~3천만 원 정도로 하는 것이 좋다. 요즘은 가입금액을 1억 원으로 하는 사람들도 있다. 그렇게 되면 월 불입금이 많아질 수밖에 없고 가정 경제에 무리가 된다. 보험으로 '로또'를 꿈꿀 생각이 아니라면 내 재정 형편에 맞춰서 적절하게 금액을 맞추는 것이 현명한 일이다.

간혹 집안 가족력에 암 발병률이 높은 경우가 있을 수 있다. 조부모님과 부모님 세대에 암으로 돌아가신 병력이 있다면 통계학적으로 그만큼 내가 암에 걸릴 확률은 높아진다. 그럴 때엔 3천만 원에 2천만 원 정도를 더해서 5천만 원까지 해도 합리적인 선택이라 할 수 있다.

"암보험의 가장 중요한 원칙은 비갱신형으로 가입한다는 거예요. 생명보험사든 손해보험사든 상관없어요. 중요한 것은 보험료가 오르지 않고 처음 가입할 때 금액 그대로 내는 비갱신형이라는 점이에요."

갱신형의 경우 3~5년마다 보험료가 올라간다. 그러다 보면 3천만 원에 대한 보험료가 30세에는 5천~6천 원이면 되지만, 60세 넘어가면 6만~7만 원이 된다. 그런데 퇴직한 이후 별다른 소득이 없는 60세 이후에는 이 돈이 큰 부담으로 다가올 수 있다.

"그런데 요즘은 보험이 대부분 갱신형인 것 같아요."
"그래요. 그래서 이전 보험들이 가입 조건 면에서 가입자에게 더 유리한 경우가 많아요. 특히 생명보험사의 암보험은 대부분 갱신형이에요. 그래서 상대적으로 비갱신형이 많은 손해보험사가 더 유리하죠. 어쨌든 가장 좋은 보험은 보험료가 저렴한 보험이에요. 그리고 암보험 만기는 꼭 100세까지 할 필요가 없어요. 90세면 충분해요."

뇌출혈만이 아닌 뇌경색, 뇌졸중이 보장돼야

2년 전, 나는 한 고객으로부터 안타까운 사연을 접하게 됐다. 김옥분 씨는 어느 날 갑자기 중풍으로 쓰러졌다. 옥분 씨의 병명은 뇌경색증으로 뇌혈관이 막혀서 쓰러진 후 뇌가 마비되면서 몸까지 마비가 오는 병이었다. 혼자서 자녀들을 키워 온 옥분 씨는 자신이 쓰러지면 큰일이다 싶어서 매달 60만 원씩 꼬박꼬박 보험료를 내고 있었다. 그 사실을 가족들도 알고 있었기에 병원비에 대해서는 크게 걱정하지 않았다. 그런데 가족들을 망연자실하게 만드는 일이 생겼다.

보험사에 보험 진단금을 청구했지만 한 푼도 나오지 않았기 때문이다. 예상대로라면 1억 3천만 원 정도가 진단금으로 나와야 했다. 놀란 가족들은 뒤늦게 보험사를 상대로 소송을 걸고 금융감독원에 고발하기도 했는데 어이없게도 너무나 간단하게 끝나 버렸다. 보험 약관에 뇌출혈만 보상이 된다고 기재되어 있었기 때문이다. 아무리 매달 60만 원씩 보험료를 냈다고 해도 뇌경색으로 인한 뇌졸중에는 아무 소용이 없었다.

어린이가 놀이터에서 놀다가 넘어져서 부딪혔을 때 뇌진탕에 걸릴 수 있는데, 이것이 바로 뇌출혈이다. 그렇기 때문에 뇌혈관이 막혀서 쓰러진 옥분 씨는 한 푼도 받지 못한 것이다. 뇌졸중 환자를 보면 뇌출혈보다는 혈관이 막히는 뇌경색이 훨씬 더 많다.

이렇게 가슴 아픈 사연을 소개하는 이유는 부모님 세대들이 갖고 있는 대부분의 보험이 종신보험과 CI보험(리빙케어보험)이기 때문이다. 힘들게 고생해서 어렵게 보험금을 넣어서 정작 꼭 필요한 순간에 아무런 도움을 받을 수 없게 되면 그 충격은 생각보다 크다. 그야말로 온 가족에게 치명적인 위험이 되는 것이다. 이런 억울한 상황을 미연에 방지하기 위해서는 보험설계사의 설명만 듣고 고개를 끄덕이기보다는, 복잡하기는 하지만 약관을 하나하나 꼼꼼하게 살펴보는 노력이 필요하다.

뇌졸중 안에는 뇌경색증과 뇌출혈이 포함된다. 그런데 뇌졸중에 포함이 안 되는 뇌혈관 질환이 있는데 이 병은 전체 발병 환자 중에 10% 정도이고 보험료도 매우 비싸다. 일반적으로 보험회사에서 뇌에 대해서 전체를 보장해 주는 보험은 거의 없다. 있다고 해도 500만~1000만 원 정도밖에 해 주지 않는다. 그만큼 위험률이 높기 때문이다. 그래서 뇌졸중 보험이라고 하면 뇌출혈과 뇌경색증만 보장되는 보험이라고 생각하면 된다. 그러므로 저렴한 보험을 찾아서 보험 약관에 뇌졸중이 포함되는지 여부를 확인한 후 진단금 2천만~3천만 원 정도로 설계해서 보험에 가입하면 된다.

생명보험사에서는 2005년 이후 뇌졸중 보장을 모두 없앴다. 간혹 고객 중에서 매달 17만 원씩 보험료를 내는 종신보험에 가입해 있는데, 이걸 어떻게 하면 좋겠느냐고 질문하는 경우가 있다. 가입한 종신보험의 경우 대부분 비싼 사망보장에 뇌졸중 진단비도 안 나온다. 결국 비싼 암보험에 가입한 것인데 암 보장도 보통 2천만~3천만 원에 가입되어 있다. 17만 원 비용에 그 정도 보장이면 해약하는 게 좋다고 본다. 입원비나 수술비로 나오는 돈에 대해서는 집착할 필요가 없다. 그것은 실비보험으로 충분히 충당할 수 있기 때문이다.

실비보험은
어디서든 똑같다

"다음은 실비보험이에요. 실비보험은 보험사가 모두 똑같아
요. 단독실비보험에 가입했을 때 신혼부부 35세를 기준으로
남성은 월 1만 2천 원, 여성은 1만 4천 원이면 돼요. 손해보험
사에서 실비보험에 암, 성인병(뇌졸중)을 넣고 보험을 설계하
면 간단해요."
"정말 이거면 다 준비된 건가요?"
"그럼요. 지금 두 분 예산 안에서는 이걸로 충분해요."

예전에는 실비보험만 단독으로 가입할 수 없었다. 주보험에 특
약으로 실손보험을 끼워 판매했기 때문이다. 예를 들어 월 1만 5
천 원을 내는 실손보험에 가입하려면 4만 5천 원의 주보험에 먼

저 가입해야만 해서 6만 원의 보험료를 내야 했다. 하지만 이제는 금융당국에서 실비보험을 저렴하게 국민들에게 보급하기 위해 모든 보험사에 실손보험을 단독상품으로 판매하도록 했다. 그래서 지금은 1만 5천 원의 실비보험료만 내고 가입할 수 있게 됐다.

이렇게 보험의 기본적인 원리를 얘기하며 함께 보험을 설계한 결과, 기존에 동민 씨와 아내가 가지고 있던 보험은 한 가지만 놔두고 정리하기로 합의했다. 앞에서 설명했던 우석 씨, 다은 씨 부부와 비슷하게 동민 씨 보험료 17만 원, 아내 보험료 25만 원, 합쳐서 월 42만 원만큼의 보험을 해약했다. 대신에 신규로 12만 5천 원으로 충분한 보장을 받을 수 있도록 설계하여 비용이 29만 5천 원이나 줄었음에도 보장은 훨씬 좋은 보험에 가입할 수 있게 되었다. 이렇게 해서 동민 씨 부부의 총 보험료는 동민 씨의 기존 보험료(실비+종신보험) 16만 원에 동민 씨 정기보험료 4만 원 추가, 아내 보험료 8만 원, 자녀 보험료 5만 원까지 합쳐 33만 원으로 이 금액에 가족이 꼭 필요한 보장을 다 받을 수 있게 되었다.

〈표 8〉 동민 씨 부부 보험 내역

	신규 가입 보험	보험료	보장 내용
남편	정기보험	4만 5천 원	65세까지 사망보장 1억5천 보장
아내	실손의료비 보험	1만 3천 원	의료실비
아내	종합 건강보험	6만 7천 원	암3천, 뇌졸중3천, 급성심근경색 3천, 질병후유장애 3천

일반적인 보험 강의에서는 대부분 보험 상품에 대해서 이야기한다. 하지만 소비자 입장에서 상품 설명을 아무리 자세히 경청한다고 해도 소용이 없다. 도리어 미혹되어 속기 쉽다. 보험은 무조건 내 소득에 대한 구성비 안에서 세워야 한다. 설사 그렇게 해서 보험이 약하다고 해도 괜찮다. 기본적인 보험 원칙 안에서 보험 가입을 하면 어떤 일이 일어나도 무너지지 않는다. 이것만으로도 치명적인 위험에 대해 충분히 보호를 받을 수 있기 때문이다.

나는 2010년도 이후에 가입한 종신보험은 거의 해약하는 게 좋다고 조언한다. 보험은 순수보장성에 의미를 두어야 한다. 그동안 낸 보험료가 아깝다고 머뭇거릴 필요가 없다. 손해 보는 게 아니다. 빨리 해지하고 튼튼한 보장이 되는 내용으로 다시 갈아타야 한다. 그것이 더 큰 손해를 막는 길이기 때문이다.

그럼 기존에 갖고 있던 보험을 리모델링하려면 어떻게 해야 할까? 일단 보험을 갈아타기 위해서 두 달의 유예기간을 잘 활용하면 좋다. 일반적으로 보험은 보험료를 불입하지 않아도 두 달 동안은 실효가 되지 않는다. 만약 지금이 3월이라면 5월 1일까지는 안전하다.

보험을 해지할 때 주의해야 할 점은 동일한 건강상태인지를 체크해 봐야 한다. 만약에 무작정 보험을 해지했다가 건강 상태가 나빠져서 재가입이 안 될 수도 있기 때문이다. 그러므로 충분히 신중하고 꼼꼼하게 검토해 본 후에 실행에 옮겨야 한다. 감액완납 이라는 제도도 있으니 잘 활용하면 좋다.

<표 9> 크리스천 보험의 원칙

보험의 원칙 : 주의해야 할 보험!

1) 종신보험
2) CI보험 / 리빙케어보험
3) 예산을 초과한 보험
4) 장기저축보험(10년 이상)   연금저축보험 → 연금펀드(연말정산 세액공제 상품)
　　　　　　　　　　　　　　저축보험 → 펀드(자녀 학자금 용도)
　　　　　　　　　　　　　　연금보험 → 변액연금(노후 자금)

"와! 정말 알찬 공부였어요. 이제야 보험에 대해서 뭔가 감이
　잡히는 것 같아요."
"하하. 다행이네요. 보험정리를 잘하면 부지불식간에 새어 나
　가던 돈들을 모아서 내 집 마련을 좀 더 앞당길 수도 있어요.
　아니면 부부가 멋진 유럽 여행을 갈 수 있는 여행자금이 만들
　어지기도 하고요."

일반적으로 보험가입을 하려고 하면
먼저 어떤 보험 상품을
선택할 것인가에 초점을 맞추는데,
이건 순서가 잘못된 것이다.
먼저 전체 예산에서 구성비 원칙에 따라
보험료를 산정한 후,
그에 맞는 적당한 상품을 골라야 한다.
소득의 8%가 보장성 보험료의
적절한 구성비이다.

Part 3

신혼 5년간 유지되는
재무시스템 만들기

준비된 생활비로 사는 재무시스템 정착시키기

재무구조를 무너지게 하는 것들 파악하기

6부

총정리

돈 걱정 없는
신혼부부가
되려면?

준비된 생활비로 사는 재무시스템 정착시키기

지금까지 크리스천 신혼부부가 어떤 방식으로 재정을 관리하면 좋은지, 신혼 5년 동안 어떤 일들이 생기는지 보면서 신혼부부에게 특화된 저축과 투자 방법, 내 집 마련 로드맵 짜기, 보험은 어떻게 들어야하는지에 대해 실제적인 사례를 보며 살펴보았다. 6부에서는 이 책의 가장 핵심이라고 할 수 있는 재무시스템에 대해 요점만을 다시 한 번 상기할 수 있도록 정리해 본다. 아울러 재무시스템을 수시로 흔드는 방해꾼(?)들은 무엇인지, 어떻게 그 방해꾼들을 보내고 재무시스템을 잘 유지할 것인지 살펴보기로 한다.

신혼부부가 신혼여행을 다녀온 후 가장 먼저 해야 할 일은 '재무시스템을 정착시키는 것'이다. 이 작업은 결혼 후 한 달 안에 시작해야 한다. 재정에 관한 이야기를 나눌 때는 함께 말씀을 보고 기도한 후에 시작하기를 권한다. 돈에 관한 선택과 결정은 영적 전쟁이기 때문이다.

우리의 삶을 통해 축적된 돈에 대한 경험은 풍성함보다는 부족했던 기억이 많다. 많아서 넘칠 정도로 부유했던 기억보다는 없어서 쪼들리고 아껴야 했던 경험들이 더 많다. 그래서 돈에 대한 경험과 감정에는 늘 궁핍함과 눌림이 있다. 이런 까닭에 크리스천 부부가 돈 이야기를 할 때는 주님이 우리 가운데 오시도록 초대한 후에 하는 것이 좋다. 우리의 필요를 채워 주시는 주님께서 우리 가정과 재정에 주인 되심을 선포하는 마음으로 재무시스템을 시작하길 당부를 드린다.

먼저 돈 관리를 누가 할지 결정하자. 일반적으로 결혼 날을 잡으면 예비부부가 선배들한테서 듣는 조언이 있다. 결혼하자마자 가장 먼저 배우자의 통장을 점령하라고. 모든 권력은 통장에서부터 시작되니 결혼 후 통장부터 가져오는 사람이 권력을 갖게 될 것이라는 족집게 조언이다. 그래서 결혼 후 어떻게든 돈 관리를 배우자에게 맡기지 않으려고 안간힘을 쓴다. 그러나 이는 오해다. 그것도 아주 심각한 오해다. 재무시스템 안에서 돈 관리자는 권력자가 아니라 봉사자의 개념이 강하다. 돈을 어디에 어떻게 쓸 것인지 정하는 "예산 책정"은 부부가 함께 의논해서 결정하고 "모든 집행"은 재무시스템이 하기 때문이다. 그러므로 돈 관리는 즐겁게 잘할 수 있는 사람이 하면 된다. 하고 싶은 사람보다 누가 더 잘할 수 있을지 성격과 취향이 맞는 사람이 하는 것이 좋다.

1) 통장 합치기

돈 관리 할 사람이 정해졌으면 그 다음 해야 할 일은 통장 합치기이다. 몸과 마음이 하나 된 것처럼 부부가 통장을 합치는 과정을 통해 진정한 하나 됨이 완성된다. 통장 합치기의 기초는 자신의 급여를 배우자에게 상세히 설명하는 것이다. 나는 결혼예비학교 강의 때 통장을 합치면서 원천징수영수증을 서로 확인하라고 하는데, 이는 배우자를 믿지 못해서가 아니다. 하나님께서 급여를 통해 우리 가정에 공급해 주시는 것을 함께 나누라는 의도이다. 신혼부부 중에는 부부가 따로 통장을 관리하거나, 형제(남편) 급여는 생활비로 쓰고 자매(아내) 급여는 모두 저축하는 경우가 있는데, 이런 방식보다는 통장을 합친 후 예산 안에서 저축하기를 권유한다. 통장을 합치는 것은 결혼 후 우리 가정에 허락된 재정이 주님의 것임을 고백하고, 시작부터 빚지지 않는 삶을 살겠다는 선포이다.

2) 단기부채 갚기

신혼여행에서 돌아올 때 부부의 여행 가방은 쇼핑한 물건들로 가득한 경우가 많다. 선물을 나누어 줄 때는 흐뭇하지만 그 기쁨도 잠시, 곧 다음 달부터 신용카드 빚(카드 결제금액)에 시달리게 된다. 매달 급여가 들어오면 다 빠져나가고 텅 빈 통장으로 신용카드를 쓰며 버티는 생활을 하는 부부가 많다. 신혼부부의 출발은 깨끗하고 가벼워야 하는데 카드빚으로 무겁게 시작하게 되니 시작부터 삐거덕거리는 것은 당연하다. 그래서 신혼여행을 다녀와서 꼭 해야 할 일이 단기부채 갚기다. 학자금 대출이나 전세자금 대출은 중·장기 부채로 대출 상환 계획을 잘 세우면 된다. 하지만 6개월 전부터 써서 생긴 카드빚은 결혼 출발 때부터 모두 갚고 시작해야 한다.

"카드 결제일이 매달 돌아오는데 무슨 돈으로 빚을 갚는단 말인가?"라고 하는 부부가 많다. 앞에서도 상세히 설명했듯이 이때는 이미 가입한 적금이나 예금을 해약해서라도 신용카드 빚부터 갚는다. 신용카드 빚을 다 갚고 신혼 때부터 빚지지 않는 삶을 실천하는 것은 신혼부부의 재정에 희년을 선포하는 것과 같다. 예금, 적금을 중간에 해약하게 되어 손해 보는 이자를 아까워하지 말았으면 한다. 손해 보는 이자보다 최대한 빨리 단기부채를 갚고 빚 없는 신혼부부로서 첫 출발을 하는 것이 더 중요하기 때문이다.

3) 한 달 치 생활비 갖고 시작하기

통장을 합치고, 신용카드 빚까지 상환했으면 이제부터 저축하면 되겠지, 라고 생각하겠지만 그렇지 않다. 재정의 선순환 구조를 만들기 위해서는 그 달 치 생활비가 미리 준비되어 있어야 한다. 한 달 치 생활비를 정할 때 맞벌이 부부의 경우, 부부 소득의 50%는 저축한다는 목표를 가져 보자. 그럼 남은 부부 소득의 50% 정도가 한 달 치 생활비가 된다.

매월 1일 한 달 치 생활비를 넣은 통장을 가지고 출발하게 되면 그 달의 생활을 신용카드 빚에 의존하지 않아도 된다. 부부 급여일(대개 21일, 25일인)에 급여가 들어오면 예비비통장에 넣어 두었다가 다음 달 1일에 생활비 통장으로 넘길 힘이 생긴다. 처음 한 달만 생활비를 가지고 시작하게 되면 매달 저절로 선순환 구조로 돌아간다.

4) 예비비 만들기

통장을 합치고 단기부채를 갚고 한 달 치 생활비를 가지고 출발을 해도 우리가 계획한 예산이 부족할 수 있다. 갑자기 자동차가 고장 나서 예상치 못한 지출이 생길 수도 있고 정해진 용돈이 부족해 초과지출을 할 수도 있다. 또 사랑하는 지체들을 섬기느라

외식비가 예산보다 초과할 수도 있다. 초과할 때마다 돈을 관리하는 사람은 스트레스를 받는다. 그 스트레스는 상대방을 비난하게 만들고 결국은 돈 관리를 통해 하나 되고자 하는 부부의 선한 마음을 산산조각이 나게 만든다. 그와 동시에 기도하면서 시작한 가정의 재정은 조금씩 흐트러지게 되고 "우리는 안 돼!"라는 비관적인 생각을 하게 만든다.

이 책을 읽고 선한 마음으로 시작한 재무시스템 만들기 작업은 한 번에 쉽게 완성되지 않는다. 죄인인 우리가 돈을 다루는 방법을 새롭게 배우고 있기 때문이다. 그래서 예비비가 필요하다. 예비비는 부부 합산 월 소득의 100%가 적당하다. 예비비는 여기저기 무너진 곳에 투입되어 빚지는 삶으로 돌아가지 않도록 도와 준다. 용돈을 초과해서 사용해도, 갑자기 병원비가 필요해도, 외식비를 더 써도 괜찮다. 예비비를 쓰면 되기 때문이다. 예비비를 한 푼도 쓰지 않고 유지하는 것보다 더 중요한 것은 재무시스템이 무너지지 않게 하는 것이다. 그러므로 예산을 초과해서 지출되더라도 서로를 비난하지 않고 여유를 가지기 위해 예비비가 꼭 필요하다.

나는 상담을 할 때 1년 후 예비비를 다 써 버려도 빚지지 않고 선순환 구조의 예산을 지키고 있으면 성공한 1년이라고 칭찬한다. 예비비가 없어지는 것을 두려워하지 말고 재무시스템이 무너져서 카드빚으로 살았던 이전으로 돌아가는 것을 두려워해야 한다.

5) 비정기 지출 예산 준비하기

많은 신혼부부가 돈 쓰는 데가 빤해서 낭비하는 것도 없는데 돈이 잘 안 모인다는 이야기를 한다. 내가 매월 쓰는 생활비나 용돈, 십일조나 이자, 보험료 등을 적어 보라고 하면 바로 쉽게 적는다. 하지만 작년이나 올해 지출했던 의류비, 경조사비, 명절이나 가족 대소사 때 지출했던 비용을 물어보면 기억을 하지 못한다. 여름휴가나 여행 경비도 마찬가지다. 우리 생활에 필요한 지출에는 두 가지 종류가 있다. 매월 지출되는 정기지출과 1년에 한 번 이상 꼭 나가는 비정기 지출이 그것이다. 자동차 보험료, 세금, 명절 비용, 휴가비, 경조사비 등이 이에 속한다. 계절마다 사는 옷, 가방 등도 포함된다. 신혼 때는 이 비용이 생각보다 많다. 그래서 매월 쓰는 돈을 적어 봐도 얼마 안 되는데 돈이 모이질 않는다. 바로 비정기 지출에 대한 예산이 없어서다.

예비비와 마찬가지로 매년 사용하는 비정기 지출은 예산을 먼저 정해야 한다. 일반적으로 비정기 지출 예산도 부부 월 소득의 100%가 적당하다. 예를 들어 부부 합산 소득이 500만 원이면 500만 원 안에서 비정기 지출 예산을 정한다. 비정기 지출에서 예산을 초과한 지출은 예비비에서 조달하면 된다.

6) 재무시스템 운영하기

단기부채 갚기와 예비비, 비정기 지출 예산과 한 달 치 생활비가 준비되면 이제 재무시스템을 운용할 준비가 다 된 것이다. 그러면 다음과 같이 진행하면 된다.

(1) 가능하면 매월 출발은 1일이 좋다. 1일에 한 달 치 생활비를 가지고 시작한다.
(2) 만약 남편 월급이 17일이고 아내 월급이 25일일 경우 월급이 들어오면 바로 예비비 통장으로 보낸다.
(3) 매월 1일이 되면 예비비 통장에 잠시 두었던 월급을 생활비 통장으로 보내어 한 달 동안 지출한다.
(4) 생활비 외에 각자의 용돈과 자동이체로 나가는 비용은 용돈 통장과 자동이체 통장으로 보낸다.
(5) 17일과 25일에 다시 남편과 아내 월급이 들어오면 바로바로 예비비 통장으로 보낸다. 매번 이렇게 시스템화 시켜서 재정을 운영한다.

7) 재무시스템에 필요한 통장은?

재무시스템이 제대로 돌아가게 하기 위해서는 몇 개의 통장이 필요하다. 내가 권유하는 바는 다음과 같지만, 사람마다 각자 성향이 다를 수 있으니 시행착오를 겪으며 본인이 지속할 수 있는 편한 방법을 찾으면 좋을 것이다.

(1) 남편 월급 통장 겸 용돈 통장: 남편 월급 통장으로 들어온 월급은 예비비 통장으로 가니 빈 통장에 남편 용돈만 넣고 용돈 통장으로 쓴다, 체크카드를 만들어서 쓴다.

(2) 아내 월급 통장 겸 용돈 통장: 아내 월급 통장으로 들어온 월급도 예비비 통장으로 가니 빈 통장에 아내 용돈만 넣고 용돈 통장으로 쓴다, 체크카드를 만들어서 쓴다.

(3) 생활비1 통장 : 자동이체 통장이다. 아파트 관리비, 도시가스비, 보험료 등 정기지출이 여기서 자동으로 빠져나간다. 매월 예정된 금액을 입금해 두면 된다.

(4) 생활비2 통장 : 식생활비, 외식비 등 실제적인 생활비 통장이다. 체크카드를 두 개 만들어서 남편, 아내가 각각 1개씩 사용한다. 일반적으로 이 생활비 2번 통장이 통제되어야 예산 관리가 된다. 생활비 1번 통장은 자동이체로 빠져나가는 통장으로 거의 매월 비슷한 금액이 나간다. 계절에 따라 냉난방비가 추가되지만 이 또한 비슷하게 나간다. 그에 반해 생활비 2번 통장은 있는 한도 안에서 써야 하는 자족과 절제가 필요한 통장이다. 2번 통장을 잘 관리하는 것이 관건이다.

(5) 예비비 통장: 카카오 뱅크(카뱅)를 이용한다, 상세한 내용은 1부를 참조하면 된다.

(6) 비정기 지출 통장: 카카오 뱅크(카뱅)를 이용한다, 상세한 내용은 1부를 참조하면 된다.

8) 재무시스템을 잘 굴러가게 하는 원동력

재무시스템은 신혼 5년 동안만 잘 운용하고 끝내는 시스템은 아니다. 평생토록 신혼부부가 중년 부부가 되고 노년이 되어서도 계속 사용할 시스템이다. 신혼에 잘 정착되면 이후로는 쉽게 갈 수 있다. 이러한 재무시스템을 계속 가동하기 위해서 꼭 필요한 원칙이 있다. 얼핏 보면 중요하지 않게 느껴질 수도 있지만, 이것이야말로 재무시스템이 돌아가게 하는 원동력이라고 해도 과언이 아니다.

① 참조틀 낮추기

참조틀은 재화나 용역을 구매할 때 기준이 되는 인식의 틀이다. 소비 왕국 대한민국은 이 참조틀이 매우 높은 편이다. 그러다 보니 상대적인 궁핍함이 커져 국민들의 행복지수가 낮다. 요즘 신혼부부들 또한 예외가 아니다. 이 정도는 쓰고 살아야 한다는 생각이 팽배하다. 크리스천 신혼부부는 지금 내가 구매하고자 하는 것이 내 소득에 적합한지를 고민해야 한다. 주님이 허락하신 소득 안에서 자족하며 지출할 수 있는 훈련을 하면서 믿음의 싸움을 싸워야 한다. 믿음의 싸움은 소비를 부추기는 세상과 그 유혹에 흔들리는 나 자신과의 싸움이다.

② 한숨 돌리는 통장이 필요하다

처음 재무시스템을 실행하다 보면 '꼭 이렇게 힘들게 아끼면서 살아야 하나?' 하는 의문이 들 때가 있다. 그때 1~2년마다 모은 목돈으로 갖고 싶은 물건을 기분 좋게 구매하는 경험이 필요하다. 자신에게 그동안 수고했다고 스스로 보상해 주는 행위이기도 하다. 그래야 계속 재무시스템을 통해 절제된 생활을 할 힘이 생긴다. 재무시스템을 잘 유지하기 위해선 역설적으로 재무시스템과 배치되는 것 같은, 한숨 돌리는 통장이 필요한데 바로 이벤트통장(목적통장)과 지름통장이다. 이벤트통장은 특별한 용도를 위해 준비하는 통장으로, 출산 비용이나 부모님 잔치, 자동차 교체 비용 등에 사용하면 좋다. 또 하나가 지름통장인데 정말 갖고 싶은 물건이나 가고 싶은 해외 여행지가 있으면 1~2년 동안 모아서 지출하면 된다. 지름통장을 잘 사용하는 사람은 오늘의 지출을 통제할 수 있다. 통장에 모으는 금액은 적게는 5만 원에서 40만 원까지 필요항목과 자신의 예산에 따라 달라질 것이다.

재무시스템을 무너지게 하는 것들

재무시스템을 잘 유지하기 위해서는 역설적으로 재무시스템을 무너뜨리는 방해요소를 잘 알고 있어야 한다. 재무시스템은 다이어트와 비슷하다. 다이어트를 하다가 무너지는 이유는 음식 때문이 아니다. 심리적인 부분이 크다. 스트레스가 다이어트의 가장 큰 적이다. 음식을 보고도 절제할 힘은 심리적인 안정에서 나오기 때문이다. 재무구조를 무너지게 하는 것도 돈 자체가 아니라 심리적인 원인이 크다. 부부 사이가 좋으면 동네만 돌아도 여행을 갔다 온 것 같을 수 있다.* 그러나 부부 사이가 나쁘면 큰돈을 들여 해외여행을 다녀와도 다 부족해 보이고 불만스러울 수 있다. 또한

---

* 김창옥 교수가 "우리가 사이좋게 지내야 하는 이유"라는 제목의 강연에서 했던 말

앞에서도 얘기했지만 "나는 이 정도는 해야 해"라는 참조틀과 매월 들어가는 돈이 적다고 총액을 생각하지 않고 별 생각 없이 지출하는 습관적인 행동들이 재무구조를 무너지게 한다.

부부싸움 : 영적으로 고갈되면 모든 것이 부족하다

부부싸움 후 기분이 가라앉고 울적하면 일반적으로 여자는 쇼핑이나 먹는 것으로 해결한다. 남자는 술을 마시거나 주식에 손을 댄다. 큰 수익을 올려서 아내에게 보란 듯이 내놓고 싶은 마음으로 시작하지만 그것이 현실로 이루어질 확률은 로또에 당첨되기만큼 어렵다. 오히려 손실이 생겨 빚을 지게 되면 아내와 더 큰 갈등에 휘말릴 수 있다.

나는 부부가 돈 이야기를 할 때 피곤한 상태에서 하지 말라고 한다. 내가 신혼부부에게 당부하는 일 중 하나다. 그리고 상대방 등 뒤에 대고 말하는 것도 금물이다. 아내가 설거지를 하고 있거나 남편이 컴퓨터 게임에 열중하고 있을 때 돈 얘기를 꺼내면 서로 얻을 게 없다. 서로가 기분 좋을 때 상대방의 눈을 보고 여유 있고 부드럽게 이야기해야 한다. 예배에서 은혜를 받고 온 뒤라든가, 가정예배를 드리고 난 뒤 등, 성령 충만한 상태라면 더욱 좋을 것이다.

돈의 문제는 늘 예민하다. 돈이 남아돌아서 어떻게 써야할 지를 놓고 고민하는 사람은 거의 없기 때문이다. 대부분 돈 얘기를 하면 머리가 아프고 복잡해진다. 돈은 우리를 두려움과 절망, 불안에 빠뜨릴 힘이 있다. 그러므로 돈 이야기를 나눌 때는 부부가 영적으로 무장한 후 나눠야 한다. 그래야 마음에 없는 말로 서로를 공격하거나 극단적인 상황으로 서로를 내몰지 않는다. 돈은 우리가 죽을 때까지 잘 다뤄야 한다. 그래서 재무시스템과 부부 사이는 밀접하다. 재무시스템이 잘 돌아가면 부부 사이도 좋아지고 부부 사이가 좋으면 재무시스템이 잘 유지된다. 반대의 경우도 마찬가지다.

나는 상담하는 부부들에게 재무대화 용도로 매달 5만 원이든 10만 원이든 형편에 맞게 이벤트 통장을 만들도록 권유한다. 그래서 1년 후 60만~120만 원이 모이면 부부가 1박 2일 여행을 가든, 아니면 고급 레스토랑에서 식사를 하든 두 사람을 위해서 한 푼도 남기지 말고 우아하게 쓰라고 조언한다. 다시 신혼여행 기분을 내는 것이다. 주위 사람들에게 우리도 이렇게 돈 쓸 수 있다는 것을 보여 주듯 소문을 내며 써도 좋다. 그런 시간이 매우 유익하다. 이때 중요한 것은 부부가 그저 바람 쐬고 기분만 내는 것이 아니라 그동안 재무시스템을 만들면서 힘들었던 것들을 서로 나눠야 한다. 이 시간을 통해 그동안 부부 사이에 억눌려 있던 감정들을 풀어내고 서로 이해하고 위로하면 다시 함께 발맞춰 갈 수 있기 때문이다. 나는 1년마다 이런 시간을 가질 것을 권한다.

휴대폰 : 2년마다 안 바꾸면 자녀 등록금 된다

2년이나 3년의 약정 기간이 끝나자마자 새 휴대폰으로 교체하는 사람들이 많다. 일견 당연한 듯 여겨지는 이 습관이 우리의 재무시스템에는 치명적이다. 새 휴대폰 가격은 대략 100여만 원이된다. 2년마다 부부가 휴대폰을 바꾸면 200만 원을 지출하는 셈이다. 우리 생활에서 2년마다 200만 원 정도의 금액을 들여 바꾸는 물건이 얼마나 될까? 그럼에도 한꺼번에 목돈을 내고 사지 않아도 되기에 사람들은 쉽게 속아버린다. 휴대폰 사용료 명세서를보면 기기 값만 따로 기입되지 않고 통신료에 포함되어 표기되거나, 글씨체를 다른 부분보다 작게 해서 실제 기기 값을 알기가 어렵게 되어 있다. 이런 까닭에 2년에 한 번씩 멀쩡한 휴대폰을 쉽게 바꾼다.

신혼부부 합산 월 핸드폰 비용은 기기값을 포함해 25만 원에서 잘 내려가지 않는다. 2~3년 약정기간이 지나 더 이상 기기 값이 빠져나가지 않으면 부부가 10만 원으로도 충분하다. 그런데 다시 습관처럼 새로운 휴대폰을 기웃거리다가 장만하기 때문에 다시 25만 원으로 껑충 뛴다.

그러니 남들이 바꾼다고 무작정 바꾸지 말고 약정이 만기가 되어도 꾹 참고 더 쓰기로 결단을 해보자. 2년 된 휴대폰이라도 배터리만 새로 교체하면 새것처럼 사용할 수 있다. 2년이면 휴대폰의 기능이나 문화적인 흐름을 따라가는 데도 큰 문제가 없다. 휴대폰이 새로 출시되는 10월, 잠시 동안만 참아 내면 유혹을 이겨낼 수 있다. 매월 10만~15만 원 정도 되는 휴대폰 값을 펀드에 장기저축하면 자녀 등록금의 70%가 준비된다. 수시로 휴대폰 기기 값을 기억하며 잘 참아 내어 4~5년 후에 바꾸자.

자동차 : 3년마다 안 바꾸면 내 집 마련 앞당긴다

자동차도 휴대폰과 비슷한 소비패턴을 갖고 있다. 차를 자주 바꾸는 사람들은 3년쯤 되면 새 자동차로 바꾸고 싶어 한다. 신차를 구매한 뒤 3년차가 차 바꾸기에 가장 좋은 때인 것처럼 생각한다. 그런데 사실 중고차를 살 때 가장 좋은 차가 바로 3년 된 차이다. 자동차 성능은 크게 떨어지지 않았는데 감가상각비로 인해 가격이 뚝 떨어지기 때문이다. 그렇다면 3년은 자동차를 사는 사람에게 유리하고 파는 사람에게는 불리한 시기다. 남의 말만 듣고 3년 돼서 자동차를 팔면 바보가 되는 것이다. 나는 자동차를 사면 10년은 타도록 권유한다. 자동차는 금액이 큰 만큼 바꾸는 시기가 짧으면 짧을수록 손해다. 자동차를 오래 타는 만큼 내 집 마련이 앞당겨진다고 생각하면 힘이 날 것이다.

해외여행 : 5년마다 가면 평생 갈 수 있다

신혼부부들은 여행을 좋아한다. 온갖 것에 이름을 붙여 여행을 떠나고 싶어 한다. 임신 축하여행, 결혼 1주년 기념여행 등 이름도 다양하다. 간혹 신혼여행을 기념하기 위해 신혼여행지로 다시 여행하는 부부가 있다. 그때 내가 내세우는 원칙이 '여행 갔던 곳 다시 가기 없기'다. 특히 2~3세 어린 자녀를 데리고 해외여행을 가는 것은 가족 모두에게 힘든 여정이 되기 쉽다. 어린 자녀들은 해외의 아무리 좋은 곳을 여행해도 대부분 제대로 즐기지도 못하고 그 곳이 어디였는지 기억도 잘 못한다. 차라리 동네 수영장에서 부모와 친구들과 어울려 놀던 것을 더 재미있는 추억으로 기억할수도 있다. 그러므로 자녀를 위한 해외여행은 인지기능이 좀 더 발달한 초등학생 이후로 미루는 게 좋다. 이 때 5년 단위로 이벤트 통장을 만들어서 미리 계획하고 준비된 여행을 떠나도록 한다.

여행은 여행경비 외에 준비해야 할 물품들이 많아 부대비용도 많이 든다. 특히 해외여행을 가게 되면 새 옷부터 시작해서 사야할 준비용품이 많다. 해외여행 한 번 다녀오면 6개월은 카드빚을 결제하느라 여유가 없는 사람들도 꽤 있다. 국내에서도 얼마든지

아름답고 좋은 여행지를 찾을 수 있다. 나는 부부 재무대화를 할 때 될 수 있으면 국내여행을 하도록 권면한다. 물론 국내 여행비도 만만치 않고 여름 휴가철 등 성수기에는 바가지 상혼이 극성을 부리기도 해서 그 비용이 그 비용이라 해외에 나가는 사람도 적지 않음을 알고 있다. 그러나 성수기에 장기적으로 여행을 가는 것은 목적통장을 만들어 준비해서 가고 매년 가는 여행은 국내여행으로 가기를 권한다.

고객 중에 캠핑용 자동차를 이용해서 가족끼리 국내 여러 곳에 캠핑을 다니며 추억을 만들었던 내담자가 있다. 아이들은 자라서도 어린 시절 캠핑 때의 기억을 떠올리며 행복해한다고 한다. 가족 여행을 돈으로 해결하지 않고 창의적인 방법으로 기획하면 돈도 절약하고 멋진 추억도 만들 수 있다. 내 말은 해외여행은 절대 가지 말자가 아니라 가되 예산 안에서 충분한 준비를 통해서 하자는 것이다. 재무시스템은 이런 방해꾼들-습관적인 소비-을 잘 다스릴 수 있도록 도와 주는 수호시스템이다.

에필로그

"재무시스템을 유지하는 삶이
크리스천의 삶과 무슨 관계가 있나요?"

재무시스템으로 한 달을 빚지지 않고 잘 살아 내는 것이 크리스천의 삶과 무슨 상관이 있을까? 간혹 궁금해 하는 크리스천 부부가 있다.

재무시스템은 일반적인 재테크 방법에 비하면 무력할 정도로 평범하다. 뭔가 구미가 당기는 새로운 수입원을 개발하는 것이 아니라, 그저 내 월급 안에서 쪼개고 모으며 살아가는 방법이다. 그런데 이 평범한 방법 속에 보이지 않는 큰 힘이 있다. 그리고 그 힘은 돈이 전부가 되어 버린, 사막과 같은 이 시대에 없어서는 안 될 생수와도 같은 것이다. 그래서 나는 이 재무시스템이 더 많은 크리스천을 통해서 정립되고 전파되기를 바란다.

먼저, 이 방법대로 살기 위해서는 남과 비교하는 삶을 내려놓아야 한다. 주위에서 아무리 부동산 투기로 성공하고 주식투자로 돈을 많이 벌었다 할지라도, 그저 내 수입 안에서만 사는 것에 집중해야

재무시스템을 유지할 수 있다. 남들이 빚을 내어 여행을 하거나 사교육비에 과잉지출을 하고 또는 새 핸드폰이 출시될 때마다 바꾸기를 마다하지 않을 때, 그런 현실을 뒤로 하고 묵묵히 정해진 예산 안에서 절제하고 감당해 나가야만 재무시스템 안에서 살 수 있다. 어쩌면 남들이 볼 때 답답하고 고지식해 보일 수도 있는 삶이다.

우리가 겪는 불행은 먹을 게 없어서 겪는 불행이 아니다. 새 차를 사서 분명히 기뻤는데도 친구가 외제차를 샀다고 하면 내 차가 초라하게 보이고, 조금 더 큰 평수로 이사를 했는데도 누군가가 더 큰 새 집으로 이사했다고 하면 갑자기 내 집이 보잘 것 없어 보이는 그런 얄궂은 감정, 즉 상대적인 박탈감과 빈곤감에 더 크게 기인한다. 그러므로 그 어느 때보다도 나의 삶을 꿋꿋하게 지켜낼 수 있는 확고한 가치관과 신념이 중요한 때이다.

적은 월급 안에서 예산을 세우고 아끼며 살다 보면 작은 것에도 감사하게 된다. 적은 월급에 감사하며 기쁘게 살아가는 크리스천의 모습은, 그보다 훨씬 많은 돈을 가지고도 불행하게 사는 세상 사람들에게 분명히 또 다른 삶의 가치를 보여줄 수 있다. 그것이 바로, 작은 삶의 예배자의 모습이라고 나는 감히 말하고 싶다.

신용카드를 포기하고 한 달, 한 달을 주어진 월급 안에서 살아가는 것은 분명 좁은 길이다. 하지만 선순환 하는 재무시스템으로 살아가는 신혼부부에게는 세상이 알 수도, 줄 수도 없는 여유와 평안함이 있다. 그 길에 서 있는 사람들은 때를 따라 필요를 채우시고 공급하시는 하나님께 감사하며 자족하는 생활 속에서 기쁨을 맛본다.

"센터장님. 드디어 맞벌이에서 외벌이로 넘어왔어요. 조금 두렵긴 해요. 빚지지 않고 잘 견디며 살아야 할 텐데 과연 내가 할 수 있을까? 그래서 오늘도 그 두려움을 하나님께 맡기며 이겨낼 힘을 달라고 간절히 기도해요. 출산비용도 미리 준비해 둔 출산통장의 예산에 맞춰서 잘 썼어요. 전세자금도 올랐지만 겨우 준비했고요. 남편 월급만으로 빠듯하게 살고 있어요. 요즘은 외식비 빼기도 힘들어서 외식도 거의 안 해요. 하지만 아이와 함께 보낼 시간을 생각하면 흐뭇하고 행복해요. 몇 년 동안 저축 못해도 괜찮아요. 하나님께서 우리 가정에 주신 생명에 마음껏 기뻐할 수 있어서 감사해요. 제가 잘 헤쳐 나갈 수 있도록 계속 응원해 주세요. 저에게 새로운 삶을 알게 해주셔서 감사해요."

나는 내담자들이 보내온 이런 사연을 읽으면서 나도 모르게 눈가가 촉촉해질 때가 많다. 그들이 이 소비 천국에서 하루하루 겪어 내야 할 인내의 시간들이 어떠한지를 알기 때문이다. 하지만 그들을 보면서 나는 힘과 용기를 얻는다. 내가 가는 길이 틀리지 않았음을 확인하며 오늘도 한 가정이라도 더 희년을 선포할 수 있도록 최선을 다해 돕는다.

"내가 궁핍하므로 말하는 것이 아니라 어떠한 형편에든지 내가 자족하기를 배웠노니 내가 비천에 처할 줄도 알고 풍부에 처할 줄도 알아 모든 일에 배부르며 배고픔과 풍부와 궁핍에도 일체의 비결을 배웠노라. 내게 능력 주시는 자 안에서 내가 모든 것을 할 수 있느니라."(빌 4:11~13)

우리의 힘으로는 돈이라는 우상을 이겨낼 수 없다. 하지만 내게 능력 주시는 자 안에서 우리는 모든 것을 할 수 있음을 나는 믿는다. 그리고 어떠한 형편에서든지 자족하며 기쁘게 살아가는 삶의 방식이 많은 크리스천 신혼부부를 통해서 성령의 바람처럼 온 세상에 퍼지길 간절히 소망한다. 더 이상 세상의 주인이 돈이 아님을 선포하고, 돈보다 크신 하나님의 주권을 회복킬 수 있기를 소망한다. 십자가에서 순종하며 죽으신 예수님 한 분의 사랑으로 우리 모두가 구원을 얻은 것처럼, 그 시작은 미약하지만 그 끝은 주님의 방식과 계획하심대로 창대하게 펼쳐질 것을 기대해 본다.